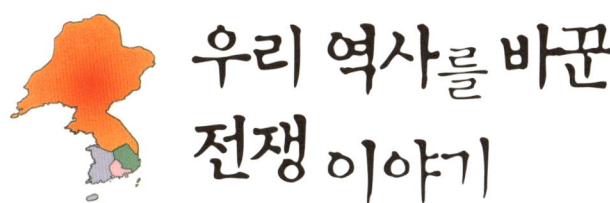

우리 역사를 바꾼 전쟁 이야기

우리 역사를 바꾼 전쟁 이야기  국사 편

2017년 12월 4일 초판 1쇄 인쇄
2017년 12월 8일 초판 1쇄 발행

글 김성재 / 그림 정연주
펴낸이 이철규 / 펴낸곳 북스
편집 김세영 / 편집디자인 박근영 / 마케팅 이종한

편집부 02-336-7634 / 영업부 02-336-7613 / FAX 02-336-7614
홈페이지 http://www.vooxs.kr / 등록번호 제 313-2004-00245호 / 등록일자 2004년 10월 18일

주소 서울특별시 광진구 동일로 4길 32 2층
값 11,000원
ISBN 978-89-91433-99-1 74920
      978-89-6519-003-5 (세트)

잘못된 서적은 구입하신 서점에서 교환하여 드립니다.
이 책은 저작권법에 의해 보호를 받는 저작물이므로 불법 복제와
스캔 등 무단 전재 및 유포·공유를 금합니다.

우리 역사를 바꾼 전쟁 이야기 국사 편

[vooxs 북스]

머리말_전쟁을 통한 역사 상식 쌓기

중국 진시황의 **통일 전쟁**부터
아직 상처가 아물지 않은 **한국전쟁**까지

여러분은 전쟁하면 제일 먼저 어떤 생각이 드시나요? 전 우리 영토를 듬직하게 지켰던 광개토대왕의 모습과 온갖 전쟁터를 누볐을 각종 신무기들이 떠오른답니다.

외세의 침략이 잦았던 우리나라는 전쟁과 떼려야 뗄 수 없는 역사를 가졌습니다. 고조선 멸망부터 시작해 한국전쟁까지 끊임없이 침략을 당해왔습니다. 강대국 중국과 일본의 틈바구니에 위치한 반도라는 지리적 특성상 필연적인 결과였습니다. 하지만 우리 선조들은 5,000년간 전쟁 위기를 잘 극복하며 나라를 지켜냈습니다.

전쟁을 잘 이해하면 역사도 쉽게 배울 수 있습니다. 전쟁을 통해 역사를 배운다니 좀 이상하지요?

역사를 발전시키는 것은 갈등입니다. 낡은 것과 새로운 것이 서로 싸우고 갈등하면서 역사가 만들어지고 발전하게 됩니다. 전쟁이 시작되기 전에는 여러 가지 갈등이 생겨납니다. 그 갈등이 곪고 터져서 전쟁으로 발전하는 것입니다.

갈등을 잘 살펴보면 그 때를 살던 사람들의 생각과 생활양식, 문화 등을 잘 알 수 있습니다. 이런 노력을 통해 과거를 이해하고 미래도 대비할 수 있는 것입니다.

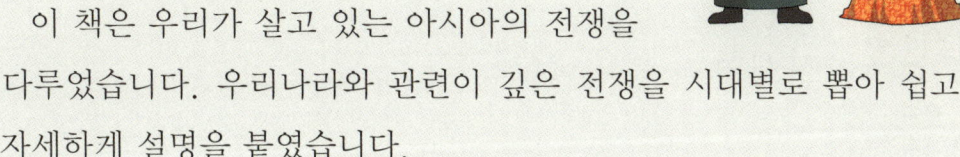

이 책은 우리가 살고 있는 아시아의 전쟁을 다루었습니다. 우리나라와 관련이 깊은 전쟁을 시대별로 뽑아 쉽고 자세하게 설명을 붙였습니다.

'건곤일척* 전투 속으로'에서는 생생한 전쟁의 현장을 담았으며, '맞수 대격돌'에서는 전쟁 맞수들의 불꽃 튀는 대결을 담았습니다. '전쟁 속 무기 이야기'에서는 그 시대 첨단을 달렸던 각종 무기에 대한 정보를 그림과 함께 구성했습니다. '역사에서 만약이란'에서는 전쟁의 아쉬웠던 순간을 살펴보았습니다.

이처럼 수많은 전쟁을 통해 역사와 문화를 발전시켜 온 아시아 전쟁 이야기를 여러분 앞에 내놓게 되었습니다. 앞으로 살펴볼 17가지 전쟁 이야기를 통해 우리 모두가 역사를 바로 살필 줄 아는 역사지킴이가 되었으면 합니다. 그럼 재미있게 읽어주시고 다음에 또 다른 이야기로 찾아뵙겠습니다.

세계평화를 기도하며 김성재

*운명을 걸고 단판걸이로 승부를 겨룬다는 뜻입니다.

차례

머리말_ 전쟁을 통한 역사 상식 쌓기 …6

중국 최초의 통일
진시황의 통일 전쟁 …11

새 시대의 영웅을 찾아
23… 초나라와 한나라의 전쟁

요동의 주인을 가리자
고조선과 한나라의 전쟁 …35

천하를 가져라
44… 위촉오 삼국 전쟁

고구려의 용맹
광개토대왕의 정복 전쟁 …53

중국을 재통일하라
64··· 수나라와 당나라의 통일 전쟁

다시 불타는 요동
고구려 침략 전쟁 ···75

고구려를 계승하라
86··· 발해 건국 전쟁

연운 16주를 차지하다
송나라와 요나라의 전쟁 ···97

거란의 대 침공
108··· 고려와 거란의 전쟁

위대한 칸의 후손 쿠빌라이
몽골의 정복 전쟁 ···120

몽골을 막아라
132… **고려의 대몽 항쟁**

한중일의 첫 격돌
임진왜란 …144

치욕의 전쟁
158… **병자호란**

늙은 호랑이와 젊은 늑대의 싸움
청일전쟁 …169

제국주의의 망령
182… **중일전쟁**

계속되는 민족의 비극
한국전쟁 …195

1 중국 최초의 통일
진시황의 통일 전쟁
기원전 230년~기원전 221년

　드넓은 중국 대륙을 최초로 통일한 왕은 진나라의 왕 정입니다.
　진왕 정이 태어날 당시 중국은 춘추전국시대였습니다. 춘추전국시대는 기원전 770년 주나라가 망하고부터 여러 제후국들이 서로 싸우던 시대를 뜻합니다. 당시에는 제, 조, 진, 연, 위, 초, 한의 전국칠웅이라고 불리는 일곱 나라로 나눠져 있었습니다.
　진왕 정은 13세 어린 나이에 아버지 장양왕의 뒤를 이어 진나라의 왕이 되었습니다. 서쪽 끝 변방에 위치한 진나라는 전국칠웅 중 가장 못살고 문화가 뒤떨어졌습니다. 하지만 진나라 효공이 상앙을 등용해서 법률을 개혁한 후 강한 나라로 변했습니다.

춘추전국시대
기원전 770년에서 기원전 403년까지는 공자가 편찬한 노나라의 사서 《춘추》의 이름을 따서 춘추시대라 하며, 기원전 403년부터 기원전 221년까지의 전국칠웅들이 싸우던 시기는 전국시대라고 합니다. 이 두 시대를 아울러 춘추전국시대라 부릅니다.

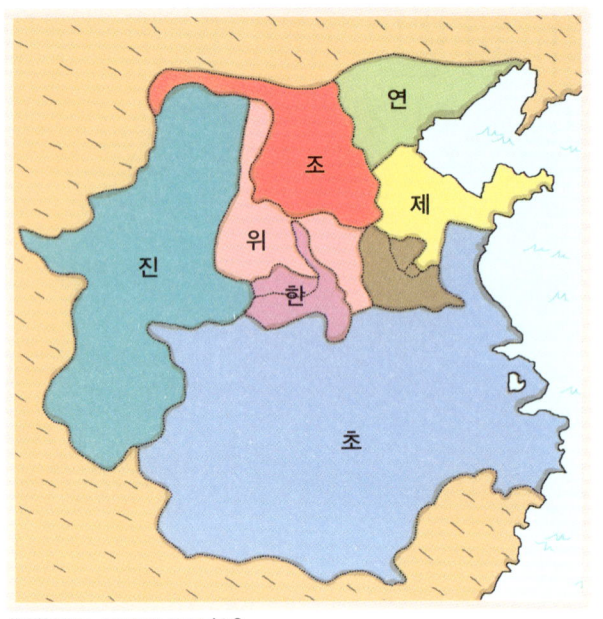

춘추전국 시대의 전국칠웅

"진나라는 변방에 위치한 야만국이야."

"이제 강해졌다고 우리 영토를 함부로 침범하고 있어."

"서로 힘을 합쳐 진나라를 막아내야 돼."

진나라가 강해지자 다른 여섯 나라는 모두 진나라를 경계했습니다.

하지만 다른 나라의 걱정과 달리 진왕 정은 마음대로 정치를 할 수 없었습니다. 신하 여불위가 자기 마음대로 정치를 하고 있었기 때문입니다. 여불위는 정이 성인이 되는 순간까지도 진나라를 통치했습니다.

"난 성인이 되었다. 이제부터 승상 여불위가 아닌 내가 직접 진나라를 다스리겠다."

기원전 237년, 진왕 정의 나이 20세가 되던 해에 여불위의 부하 노애가 반란을 일으켰습니다. 진왕 정은 반란을 진압하고, 그 여세를 몰아 여불위까지 쫓아냈습니다.

나라를 직접 다스리게 된 진왕 정은 새로 승상을 맡은 이사에게 앞으로 해야 할 일을 물었습니다.

"앞으로 어떻게 진나라를 이끌어야 하지?"

"안으로는 진나라의 기틀을 세운 상앙의 정책을 이어받아 귀족과 백성을 통제하고, 밖으로는 여섯 나라를 하나씩 정복하며 중국 통일을 이루셔야 합니다."

진왕 정은 이사의 말을 받아들여 강력한 부국강병책을 실시했습니다.

당시 여섯 나라의 사정을 살펴보면 한나라와 위나라, 제나라는 이미 국운이 쇠해 진나라에 대항할 수 없었습니다. 남쪽 초나라는 영토는 넓었으나 오랜 전쟁으로 국력이 고갈되었고, 진나라와 라이벌이었던 조나라는 기원전 252년 진나라와 싸운 장평대전에서 진 후 국력이 크게 약해져 있었습니다.

"어떤 나라부터 공격하는 게 좋지?"

"국경을 접하고 있으면서 가장 약한 한나라부터 공격해야 합니다."

"좋다. 한나라로 군사들을 보내라."

진나라 군대가 한나라 국경을 넘자 한나라는 다급해졌습니다. 한나라는 전국 칠웅 중 제일 약소국이었기 때문입니다. 게다가 이미 영토의 절반을 진나라에게 점령당해 그들을 막을 힘이 없었습니다.

"왕이시여, 한나라는 힘이 없는 약소국입니다. 여기 옥새와 남양 땅을 바치니 제발 군대를 물려주십시오."

한나라는 다급히 진나라에게 신하가 되기를 청했습니다. 그러나 진왕 정은 불시에 병력을 동원하여 한나라를 멸망시켰습니다.

"다음 목표는 조나라다."

한나라를 멸망시킨 진왕 정은 다음 목표를 정했습니다. 당시 조나라는 비록 국력이 쇠약했으나 명장 이목이 있어 만만한 상대가 아니었습니다.

"이목 장군이 나타났다."

"도망쳐라."

진나라 군대는 이목 장군이 이끄는 조나라 군대에게 계속 패배했습니다. 이목 장군을 없애지 않고서는 조나라를 이길 수 없다고 판단한 진왕 정은 묘안을 짜

냈습니다.

"조나라 신하 곽개가 돈을 좋아한다는 소문이 있다. 그를 매수해서 이목을 없애 거라."

진왕 정의 명령을 받은 신하는 조나라로 가서 곽개를 매수했습니다. 돈에 매수된 곽개는 이목 장군을 모함하여 쫓아내 버렸습니다. 눈엣가시 같았던 이목 장군이 사라지자 왕전 장군이 이끈 진나라 군대는 조나라를 함락시킬 수 있었습니다.

한나라와 조나라를 병합한 진나라는 세 번째 목표로 위나라를 택했습니다.

"성벽을 높이 쌓아라. 진나라 공격에 대비하라."

두 나라가 망하는 걸 지켜본 위나라는 성벽을 쌓고 식량을 저장하면서 장기전을 펼쳤습니다. 진나라 군대는 위나라 수도 대량을 포위하고 공격을 계속했지만 쉽게 정복하지 못했습니다. 시간이 지나자 진왕 정은 점점 초조해졌습니다. 이 틈을 이용해 다른 나라들이 호시탐탐 진나라를 노리고 있었기 때문입니다.

'어떻게 하면 위나라 수도 대량을 함락시키지?'

진왕 정은 고민에 고민을 거듭했습니다.

'아, 그래! 그 방법이 있었어.'

진왕 정은 장군들에게 대량 옆을 흐르는 강물을 막게 했습니다. 돌과 흙으로 강물을 막아 성안으로 많은 물이 흘러들게 했습니다.

"뭐지?"

"물이다! 강물이 범람해서 성안으로 들어오고 있어."

결국 성벽은 무너지고 수도 대량은 진나라에 의해 함락당했습니다.

점점 진나라의 기세는 하늘을 찌를 듯했습니다. 진왕 정은 당장 군대를 이끌고 남쪽의 강대국 초나라를 공격하기로 마음먹었습니다.

"왕전 장군, 초나라를 정벌하는 데 얼마나 많은 병사가 필요하지?"

"폐하, 60만 명은 필요합니다."

"하하! 왕전 장군도 늙었네. 그 정도 병사면 누구든 초나라를 정벌할 수 있을 거야."

진왕 정은 왕전 장군을 비웃곤 이신 장군과 몽염 장군에게 20만 대군을 줘서 초나라를 공격하게 했습니다.

20만 대군은 국경을 넘어 승승장구하며 초나라 군대를 무찔렀습니다. 그러나 초나라 대장 항연의 계책에 속아 넘어가 살아서 진나라로 돌아온 병사가 몇 안 될 정도로 참담한 패배를 당했습니다.

'내 실수로다.'

진왕 정은 자신의 실수를 깨닫곤, 친히 영양 땅에 내려가 있는 왕전 장군을 찾아갔습니다.

"내가 잘못했네. 장군에게 60만 대군을 줄 테니 초나라를 정벌하게."

진왕 정이 직접 와서 사과하자 왕전 장군은 더 이상 거절할 수 없었습니다. 왕전 장군은 60만 대군을 이끌고 초나라를 정벌하러 갔습니다. 왕전 장군은 초나라의 요충지인 진 이남과 평여를 점령하고 이어서 초나라를 공격하여 초왕을 사로잡았습니다.

초나라의 멸망으로 이제 남은 나라는 제나라와 연나라뿐이었습니다.

'어디부터 공격할까?'

정은 두 나라를 두고 고민에 빠졌습니다. 계속된 전쟁으로 진나라도 지쳤기 때문에 신중한 선택이 필요했습니다.

"제나라가 서쪽 국경으로 병력을 보내고 있습니다."

신하의 보고를 받은 진왕 정은 결정을 내렸습니다.

"왕전 장군은 연나라를 공격하라."

"옛? 제나라가 아니라 연나라를요?"

"제나라는 국경에 군사를 배치했기 때문에 한 번에 뚫기 힘들어. 하지만 북쪽 끝에 위치한 연나라는 우리가 올 것을 예상 못하고 있네. 방비가 잘된 곳을 먼저 공격하는 건 어리석은 짓이라고."

"알겠습니다."

왕전 장군은 즉시 군사를 이끌고 요동 지방에 위치한 연나라를 공격했습니다. 진나라에서 제일 멀리 떨어져 있던 연나라는 기습을 당해 힘 한 번 쓰지 못하고 망해 버렸습니다.

"왕전 장군은 진나라로 돌아오지 말고 바로 제나라를 공격하라."

진왕 정은 철수하는 왕전 장군에게 제나라를 뒤에서 공격하라고 명령했습니다. 제나라는 진나라 국경이 있는 서쪽에만 군사를 배치했다가 갑작스럽게 북쪽에서 닥친 왕전 장군의 군대에 당하고 말았습니다.

기원전 221년, 진왕 정은 중국을 하나로 통일시키고 진시황이 되었습니다.

춘추전국 시대 동안 중국 사회는 많은 변화들을 겪었습니다. 씨족 사회에서 왕이 직접 관료를 파견해서 다스리게 하는 군현제로 변했습니다. 또한 지방으로 관리를 파견하기 위해 관리를 키워내는 관료제가 만들어졌습니다.

게다가 오랜 전쟁을 치르는 동안 무기가 청동에서 철로 바뀌었습니다. 좀 더 튼튼한 무기를 만들려는 노력의 결과였습니다.

철로 무기만 만들었을까요? 당연히 철로 농기구도 만들었습니다. 튼튼한 농기구로 농사를 짓자 식량 생산량은 기하급수적으로 늘어났습니다. 식량과 물건이 많아지면 자연스럽게 시장이 생겨났고, 상인들은 좀 더 많은 이익을 얻기 위해 국경을 넘어서 무역도 하게 되었습니다. 사람들은 여러 개의 나라로 나누어져 있는 것보다 하나의 국가로 통일된 게 더 이익이라는 것을 알게 되었습니다.

이런 이유로 진나라가 전쟁을 벌일 때 중국인들은 하나의 나라로 통일되기를 간절히 바랐습니다. 진시황은 기대에 부응하기 위해 중국을 통일시키고 난 후 문자와 도량형, 화폐를 통일시켜 중국을 발전시켰습니다.

전투명 : 장평대전
전투시기 : 기원전 265년

기원전 265년, 진나라는 전국칠웅 중에서 강국으로 떠올랐습니다. 진나라 소양왕은 천하 통일을 이루기 위해 백기 장군을 기용해서 한나라를 공격했습니다.

진나라 군대가 한나라 야왕을 점령하자 한나라는 남북으로 쪼개졌습니다. 한나라 수도 신정으로 가는 길이 막힌 상당 지역은 옆 나라인 조나라에 항복해 버렸습니다.

조나라는 항복한 17개 현을 받아들이고, 진나라와 싸우기로 결심했습니다. 진나라에 백기 장군이 있다면 조나라에는 염파 장군이 있었기 때문입니다. 조나라는 염파 장군으로 하여금 진나라 군대를 물리치게 했습니다.

야왕
한나라의 영토이자 지금의 허난성 친양 지역입니다.

염파 장군은 성을 높이 쌓고 지구전을 대비했습니다. 백기 장군이 아무리 싸움을 걸어도 응해주지 않았습니다. 이런 대치 상태가 2년이나 계속됩니다. 멀리까지 나와 싸우는 진나라 군대는 어려움을 겪게 되었습니다. 이에 진나라 재상 응후는 조나라에 첩자를 보내 소문을 퍼뜨렸습니다.

"염파 장군이 진나라 군대를 공격하지 않는 것은, 뒤에서 진과 손을 잡았기 때문이다. 진나라가 두려워하는 것은 염파가 아니고 조괄이 장군이 되는 것이다."

마침 조나라 왕은 염파가 적극적으로 싸움을 하지 않아 불만을 가지고 있었고, 이 소문을 듣자마자 염파 대신 조괄을 장군으로 임명하여 진나라를 공격했습니다. 하지만 조괄 장군은 경험이 부족했습니다.

백기 장군은 싸움에서 지는 척하며 달아나는 전략으로 조괄 군대를 성으로부터 나오게 한 후, 식량 보급로를 끊어 버렸습니다. 보급로가 끊어진 지 46일이 되자 조나라 성안에서는 서로를 잡아먹는 광경이 펼쳐졌습니다.

이에 조괄 장군이 직접 정예군을 이끌고 앞에 나가 싸우다 죽자 조나라 군사는 그만 대패하여 병졸 40만 명이 진나라에 항복했습니다.

백기 장군은 잔인하게도 이들을 모두 산 채로 땅속에 묻어 버렸습니다. 이 싸움의 결과 한꺼번에 병력 40만 명을 잃은 조나라는 국력이 크게 약화되었습니다. 40만 명은 병사인 동시에 농부이기도 했기 때문입니다. 이처럼 진나라의 중국 통일은 실질적으로 장평대전에서 결정된 것이었습니다.

 ## 전쟁 속 무기 이야기 −기마전술

춘추전국 시대에는 중장보병과 전차 그리고 기병을 주축으로 전술을 짰습니다. 특히 기마민족인 흉노족과 국경을 마주하고 있던 조나라는 중국에서 처음으로 기마전술을 도입했습니다. 전쟁에서 병력 구성은 정식 군인인 무사(갑사)와 노비들로 이루어진 창두, 정예병인 분격, 물건을 나르는 시도, 전차, 기마병으로 세분화했습니다. 이런 잘 조직된 병력을 바탕으로 진나라는 중국을 통일할 수 있었습니다.

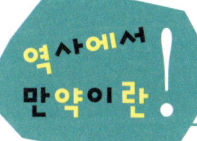 중국 통일을 축하드리며 소진이 올립니다

저는 진나라의 통일 전쟁을 방해했던 소진입니다. 진왕 정은 제가 진나라 통일을 막기 위해 한 일을 기억하시는지요?

저는 진나라가 최강국으로 등장하자 위기감을 느낀 주변 여섯 나라를 찾아가 설득했습니다.

진나라에 맞서 우리 모두가 서로 힘을 합쳐야 한다는 합종책이 제 계획이었습니다. 동쪽에 위치한 조나라·한나라·위나라·연나라·제나라·초나라 6국은 종으로 연합하여 서쪽의 진나라에 대항하는 동맹을 맺은 것입니다.

　그때 진왕 정은 합종책에 위기감을 느끼지 않으셨습니까? 6국의 합종을 깨기 위해 위나라 사람 장의를 고용하시더군요. 장의는 여섯 개 나라를 돌며 열심히 설득하여 개별적으로 진나라와 횡적으로 평화조약을 맺게 했습니다. 이것을 연횡이라고 불렀죠. 저는 이 연횡을 막고 합종을 지키기 위해 최선을 다했지만 결국 연횡이 성립되면서 진나라는 여섯 개 나라의 동맹을 깨 버리더군요.

　진왕 정은 후에 각각의 나라를 따로 공격해 멸망시킨 다음에 중국 통일을 이루셨습니다. 만약 6국이 제 말을 믿고 장의의 연횡책에 넘어가지 않았다면, 진왕의 지금과 같은 업적은 불가능했을 것입니다. 비록 제 계략은 실패했지만 진왕 정의 중국 통일을 진심으로 축하드리는 바입니다.

기원전 334~324 알렉산더대왕의 원정
기원전 331 페르시아제국 멸망
기원전 264~241 카르타고와 로마 간의 지중해를 놓고 벌인 1차 포에니 전쟁

맞수 대격돌 진왕 정 대 형가

진나라에 인질로 잡혀 있던 연나라 세자 단이 수년간 고생 끝에 탈출해 연나라로 돌아옵니다. 세자 단은 진나라에게 복수심을 품었고, 하루도 잊은 날이 없었습니다. 진왕 정이 군사를 일으켜 한나라와 조나라를 멸망시키자 위기를 느낀 세자 단은 그를 암살할 계획을 세웠습니다.

세자 단은 전광 선생의 추천으로 형가를 소개받았습니다. 그러나 이 암살은 실패하고 자객 형가는 진왕 정에게 붙잡혔습니다.

"형가, 너는 누구의 사주를 받고 날 암살하려 했느냐?"

"연나라 세자 단이 당신을 죽이라 했소."

진왕 정의 물음에 형가는 당당하게 말했습니다.

"날 암살하기 위해 어떤 준비를 했느냐?"

"당신을 암살할 계획을 세우기가 쉽지 않았소. 호위 병사에 둘러싸인 당신에게 접근할 수가 없었거든. 이때 세자 단께서 한 가지 꾀를 냈소. 진나라에서 반역을 일으키고 도망쳐온 번오기 장군을 죽여 진왕 정에게 보내자는 거였소. 그러면 진왕 정이 만나줄 거라 생각한 거요."

"번오기 장군을 죽였단 말이냐?"

"진왕 정, 당신을 미워했던 번오기 장군은 이 계획을 듣고 스스로 목숨을 내놓았소."

자객 형가의 말에 진왕 정은 어이가 없었습니다. 자신을 죽이기 위해 스스로 목숨을 버린 번오기 장군을 이해할 수 없었기 때문입니다.

"그래서 난 연나라에서 가장 비옥한 땅인 독항 지역의 지도와 번오기 장군의 목을 당신에게 바친 거요."

그러나 암살은 실패했습니다. 형가는 진왕 정이 지도를 펼치는 순간 진왕 정의 옷소매를 잡아당기며 칼로 가슴을 찔렀지만 옷자락만 찢어지고 말았습니다. 결국 암살에 실패한 형가는 기원전 227년 처형을 당합니다.

돈으로 천하를 산 여불위

2 새 시대의 영웅을 찾아!
초나라와 한나라의 전쟁
기원전 209년~기원전 202년

    기원전 221년 중국을 통일한 진나라는 분서갱유를 실시하고, 만리장성을 쌓는 등 백성을 가혹하게 다뤘습니다. 백성은 엄청난 부역과 세금에 불평불만이 쌓여만 갔습니다. 그러나 시황제가 살아 있을 때는 무서워서 감히 반란을 일으킬 생각을 못했습니다.

    기원전 210년 중국을 통일시킨 시황제가 세상을 떠났습니다. 그때까지 불만을 가지고 있던 사람들은 여기저기에서 반란을 일으켰습니다. 최초 반란은 2세 황제가 즉위한 다음 해인 기원전 209년, 진승-오광의 난이었습니다. 가난한 농부 출신에 하급 군인이던 진승과 오광이 반란을 일으키자 중국 각지에서 들불처럼 반란이 일어났습니다.

분서갱유
중국 진나라의 시황제가 학자들의 정치적 비판을 막기 위하여 실용서를 제외한 모든 서적을 불태우고 수많은 유생을 구덩이에 묻어 죽인 사건을 말합니다.

　진나라가 혼란에 빠지자 시황제에게 정복당했던 6국의 왕족과 귀족은 앞을 다투어 잃어버린 나라를 찾기 위해 반란을 일으켰습니다. 그중에서 가장 두각을 나타낸 두 사람이 항우와 유방이었습니다.
　항우는 초나라에서 집안 대대로 장군을 지낸 명문귀족이었고, 유방은 이름 없는 하급관리였습니다. 두 사람은 출신은 달랐지만 진나라를 무너뜨리겠다는 신념은 똑같았습니다. 항우와 유방은 동시에 진나라 수도 함양을 향해 진격해 들어갔습니다.
　"빨리 움직여라. 촌놈인 유방보다 우리가 먼저 함양에 들어가야 한다."
　초나라 명문가 출신인 항우는 시골 출신 유방에게 질 수 없다고 생각했습니다. 항우는 병사들을 다그쳐 급히 함양으로 향했습니다.
　"뭐라고? 촌뜨기 유방이 먼저 함양을 점령했다고!"
　항우가 함양에 도착했을 때는 이미 유방이 함양을 점령한 후였습니다.
　"지금 당장 유방 군대를 공격해라."
　자존심이 상한 항우는 유방을 공격하려 했습니다.
　"저기! 누군가 오고 있습니다."
　"유방입니다. 유방이 우리 쪽으로 오고 있습니다."
　"뭐라고?"
　항우가 공격을 막 시작하려는 순간 유방이 스스로 항우를 찾아왔습니다.
　"어서 오십시오, 항우님. 제가 먼저 함양에 도착하여 진나라의 재물과 금은보화를 지키고 있었습니다."

　유방은 진나라의 재물을 빼앗지도 않고, 오히려 진나라 사람들을 안심시켰습니다. 이런 유방을 진나라 사람들은 좋아하고 따랐지만 유방은 항우 군대를 이길 힘은 없었습니다. 항우와 싸워서 죽을 바에는 항복하는 게 현명한 일이라고 생각했습니다.

　"유방이 우리에게 항복했다. 이제부터 함양은 우리 거다."

　유방이 항복하자 항우는 함양으로 들어갔습니다. 그리고 항복한 진나라 황족과 귀족을 닥치는 대로 죽이고, 금은보화를 빼앗았습니다.

　진나라를 정복한 항우는 그 영토를 6국의 후손과 장군들에게 모두 나눠주었습니다.

　"천하를 다 차지했으니 우리는 다시 초나라로 돌아간다."

　그리고 항우는 초나라 수도 팽성으로 돌아갔습니다. 그러나 원칙 없이 부하들에게 토지를 나눠준 결과 제후들의 불만은 극에 달했습니다. 제일 큰 공을 세운 유방에게도 가장 척박한 땅인 한중 지방을 맡겼기 때문입니다.

　"공이 없는 장군들이 좋은 땅을 다 차지했어."

　"항우는 힘만 세고 어리석어. 그런 사람에게 충성을 맹세하는 건 미친 짓이야!"

　"항우나 우리나 다를 게 뭐야? 다 반란군 출신이잖아."

　제후들은 하나둘씩 항우에 대해 불만을 터뜨리기 시작했습니다. 제후들의 불만도 문제였지만 항우의 가장 큰 실수는 관중 지방을 포기한 것이었습니다. 당시 관중은 중국의 중심으로 이곳을 차지한 사람이 천하를 차지한다는 말이 있을 정도였습니다.

　항우가 중국을 다스리기 위해서는 수도를 관중으로 정해야 했습니다. 초나라 팽성은 중국의 중심에서 남쪽으로 멀리 떨어진 곳에 위치해 있었기 때문에 반란군을 통제할 수 없었습니다.

항우에 대항해 처음으로 반란을 일으킨 제후는 제나라 전영이었습니다.

"뭐라고? 전영이 반란을 일으켰다고?"

"그것뿐만 아니라 유방이 관중을 차지했습니다."

"유방이 관중을…!"

그제야 항우는 자신이 관중을 너무 소홀히 다뤘다는 생각을 하게 됩니다.

"군사를 준비해라. 당장 관중으로 가서 유방을 치겠다."

"안 됩니다."

"왜 안 된다는 거냐?"

"유방은 이미 우리 못지않은 힘을 가지고 있습니다. 우리가 먼저 공격하여 적을 만들 필요가 없습니다. 지금 급한 건 제나라에서 반란을 일으킨 전영입니다. 반란군 전영만 물리친다면 불만을 품은 제후들도 모두 머리를 숙일 것입니다."

"네 말이 맞다."

항우는 이미 힘을 가진 유방보다 전영을 먼저 공격하기로 결심했습니다.

"제나라로 진격하라."

항우는 자신의 정예병을 이끌고 제나라로 떠났습니다.

"지금입니다. 항우가 없는 틈을 타서 당장 초나라 팽성을 공격해야 합니다."

유방의 부하 장량은 항우의 군대가 움직였다는 소식을 듣자마자 유방에게 계책을 말했습니다.

"진격하라."

유방은 항우에게 당했던 푸대접을 갚을 기회라고 생각하며 군대를 이끌고 나갔습니다.

"유방이 쳐들어왔다."

"막아라."

팽성에 남은 항우의 군사들은 격렬히 저항했지만, 힘 한 번 써보지 못하고 함락당했습니다. 반란을 진압하러 가던 항우는 팽성이 점령됐다는 소식을 듣고 머리끝까지 화가 치밀어 올랐습니다.

"당장 군사를 돌려라. 유방을 용서하지 않겠다."

항우는 군사를 돌려 유방을 공격했습니다.

"항우다. 항우 군대가 몰려온다."

"항우 군대가 너무 강합니다."

"유방님, 어서 피하십시오."

유방은 황급히 항우의 군대를 막았지만 크게 패하여 병사 대부분을 잃고 겨우 도망쳤습니다.

"유방을 잡아라."

항우는 도망친 유방을 용서하지 않았습니다. 이번 기회에 유방을 확실하게 죽이고 싶었습니다. 하지만 유방은 영양 지방으로 달아나는 데 성공했습니다.

항우는 압도적인 힘으로 유방을 계속 공격하지만 쉽게 무너질 것 같았던 유방은 의외로 싸움을 계속해 나갔습니다. 이처럼 유방이 항우와의 싸움에서 버틸 수 있었던 것은 두 가지 때문이었습니다.

첫 번째는 유방이 차지하고 있던 관중 지방의 풍족한 물자들과 이 물자들을 전쟁터까지 잘 옮긴 부하 소하 때문이었습니다. 소하는 유방이 전쟁을 잘할 수 있게 후방을 편안하게 지켰습니다. 그 외에도 유방에게는 전략과 전술의 천재인 장량 그리고 백만 대군도 공깃돌 가지고 놀 듯 부리는 대장군 한신이 있었기 때문에 전쟁에서 크게 패하지 않을 수 있었습니다.

5년을 지루하게 끌던 항우와 유방의 전쟁은 마지막 전투만을 남겨두고 있었습니다.

"드디어 팽월이 합류하기로 결정했습니다."

"정말이냐?"

장량의 보고를 받은 유방은 뛸 듯이 기뻤습니다. 제후들의 협력이 절실히 필요했던 유방에게 팽월의 합류는 큰 힘이 되었습니다.

자신감을 가진 유방은 해하에서 항우의 군대를 크게 물리쳤습니다. 반면, 해하에서 패배한 항우는 동성에서 스스로 목숨을 끊었습니다.

드디어 유방의 한나라가 다시 중국을 통일하게 된 것입니다. 이것은 기적과 같은 일이었습니다. 군사력과 힘만을 비교했을 때 유방은 도저히 항우를 이길 수 없었기 때문입니다. 천하제일 장사 항우를 가리키는 역발산기개세(力拔山氣蓋世)라는 말이 있습니다. '힘은 산을 뽑고 기세는 하늘을 덮는다' 는 뜻으로, 그 만큼 항우는 힘이 대단했습니다.

유방이 이런 항우를 이길 수 있었던 건 시대정신을 잘 읽었기 때문입니다.

그 당시 중국을 통일한 진나라가 반란으로 망하자, 백성은 새로운 세상을 원했습니다. 그러나 항우는 그런 흐름을 무시한 채 진나라 이전의 춘추전국 시대로 역사를 되돌리려고 했습니다. 그에 반해 하급 관리 출신이었던 유방은 농민들의 새로운 세상에 대한 열망을 읽고 한나라를 세운 것입니다. 결국 한나라는 새 시대정신을 바탕으로 중국 문화를 완성시킨 왕조로 중국 역사 속에 남게 되었습니다.

전투명 : 해하 전투
전투시기 : 기원전 202년

　유방은 항우에게 최후의 일격을 가하기 위해 한신, 팽월 등과 손을 잡기로 했습니다. 그러나 약속한 시간이 지나도 제후들은 오지 않았습니다. 자신의 힘만으로는 항우를 상대할 수 없다는 것을 잘 아는 유방은 함부로 공격에 나서지 않고 수비만 하고 있었습니다.
　"장량! 한신과 팽월이 오지 않고 있소. 어떻게 하면 그들이 나를 돕겠소?"
　"항우를 망하게 하려면 한신과 팽월의 도움이 꼭 필요합니다. 그들을 움직이기 위해서는 항우를 물리친 후 땅을 주겠다고 약속하십시오."
　유방은 제후들에게 땅을 나눠주기로 약속했습니다.

　유방의 약속을 받은 한신과 팽월이 드디어 군대를 움직였습니다. 한신의 군대가 출정하자 단번에 성부를 전멸시키고 해하까지 밀고 들어왔습니다. 상황이 불리한 것을 느낀 항우의 부하 주은은 항우를 배반하고 연합군에 동참해 버렸습니다.

　유방과 여러 제후의 군사들이 진격해오자 항우 군대는 해하에 벽을 쌓고 방어했습니다. 하지만 군사는 적고 식량마저 바닥나 병사들의 사기는 크게 떨어졌습니다.
　어느 날 밤, 갑자기 사방에서 초나라 사람들이 즐겨 부르는 노랫소리가 들려왔습니다.
　"유방 군대가 벌써 우리 초나라 땅을 전부 빼앗았단 말인가? 어찌하여 초나라 사람이 이리도 많단 말인가?"

깜짝 놀란 항우가 탄식하며 말했습니다.

이는 원래 유방의 병사들이 초나라 노래를 배워 부른 것으로 고도의 심리전이었습니다. 이 때문에 초나라 병사들은 사기가 떨어지고 말았습니다.

사기가 떨어진 병사들은 결국 유방의 군대에 크게 패하고, 항우는 겨우 도망쳤습니다. 항우가 동쪽으로 도망쳐 오강을 건너려 할 때였습니다. 부하들은 항우에게 강동으로 건너가 다시 한 번 힘을 길러 유방을 물리치자고 권했습니다. 하지만 항우는 웃으면서 거절했습니다.

"하늘이 나를 망하게 하려는데 내가 강을 건너서 무얼 하겠는가? 또한 내가 강동 젊은이 8천 명과 함께 강을 건넜었는데 지금 한 사람도 살아오지 못했다. 무슨 면목으로 강동 사람을 대하겠는가?"

마지막으로 항우는 적진을 향해 뛰어들어 수백 명의 적군을 죽인 후 장렬히 전사했습니다.

역사에서 만약이란! 순간의 선택이 역사를 바꿉니다!

"항우님, 이번 기회에 반드시 유방을 죽여야 합니다."

진나라 수도 함양을 점령하고 홍문에서 모두 모였던 그 날, 이 범증의 생전 가장 안타까웠던 순간입니다.

유방의 공은 칭송할 만했지만, 항우님의 적이 되기에 충분한 인물이었습니다. 당시 연회에 유방을 초대해 죽여야 한다는 제 계략은 돌이켜보건대 틀리지 않았습니다.

'어서 유방을 죽이십시오.'

제가 여러 번 눈짓으로 신호를 보내드렸건만 항우님은 유방과 술잔만 주고받으실 뿐이었습니다.

"자! 술을 드십시오."

"고맙습니다."

초조해진 전 결국 항장에게 칼춤을 가장해 유방을 살해하도록 지시했습니다.

"항우가 유방님을 죽이려 한다. 막아라."

흠! 우유부단함은 큰 화를 불러오기도 한다고.

그러나 눈치가 빠른 유방의 장수 항백이 저지하고 말았지요. 곧 다른 장수인 번쾌도 칼을 들어 항장을 막았고, 낌새를 알아차린 유방은 곧장 자리를 떠나 화를 면했습니다. 만약 계획대로 유방을 처리했다면 중국은 항우님의 손에 완전히 넘어왔을 테지요.

 항우님은 비겁한 속임수로 유방을 죽이는 일이 떳떳하지 못하다고 생각하신 건 아닌지요? 그렇다면 유방을 너무 얕잡아 보신 것입니다. 홍문지회라는 말로 전해지는 이 사건은 순간의 선택이 어떤 결과를 가져오는지 명확히 보여주는 예로 남게 되었습니다.

기원전 218~202 로마 공화정과 카르타고 사이에 벌어진 2차 포에니 전쟁(한니발 전쟁)은 카르타고의 항복으로 종결

맞수 대격돌 장량 대 범증

유방의 참모 장량과 항우의 참모 범증은 서로 맞수였습니다.

"범증 당신은 나한테 졌소."

장량이 범증에게 말했습니다.

"그게 무슨 뜻이냐?"

"내가 진평에게 당신과 항우 사이를 갈라놓으라고 했소."

장량의 말에 범증은 깜짝 놀랐습니다. 범증은 실제로 진평의 계략에 빠져 항우에게 쫓겨났기 때문입니다. 얼마 전 항우 군대가 영양성에 쳐들어왔었습니다. 이때 장량은 진평에게 팽성으로 잠입해 범증과 종리매가 반역을 꾀한다는 소문을 퍼뜨리도록 명령했습니다.

"범증과 종리매가 항우에게 반역을 하려 한다."

처음에는 항우도 소문을 믿지 않았습니다. 그 후 전쟁에서 승부를 못 가린 항우와 유방은 화해를 하기로 했습니다. 이때 항우의 부하 우자기가 화해의 사신으로 장량을 찾아왔습니다.

장량과 진평이 이야기를 나누고 있다가 우자기를 맞이했습니다.

"우자기님이 사신으로 왔군요. 잠시 여기서 기다리십시오."

장량과 진평이 잠시 다른 방으로 가서 이야기를 나누는 사이 우자기는 장량의 책상에 놓인 편지 한 통을 발견했습니다. 범증이 쓴 '항우를 공격하면 이 범증과 종리매가 유방님을 돕겠습니다.' 라는 내용의 편지였습니다. 우자기는 몰래 이 편지를 가지고 다급히 항우에게 달려갔습니다.

"뭐라? 범증이 유방이랑 손을 잡고 반란을 일으키려 한다고?!"

가짜 편지 내용을 철썩 같이 믿은 항우는 범증을 쫓아냈습니다.

"그, 그게 장량 네 계략이었단 말이냐?"

자신이 쫓겨난 것이 장량의 짓이란 걸 안 범증은 분노를 참지 못했습니다.

"그렇소. 당신은 나와 평생의 맞수이자 항우의 최고 참모였소. 그런 당신을 편지 한 장으로 쫓아낸 항우는 앞으로 좋은 부하들을 쓸 수 없을 것이오."

장량의 말대로 항우를 따르던 대부분의 장수들은 떠나가고 말았으며, 신뢰가 깨진 초나라는 결국 한나라에게 패했습니다.

가랑이 밑을 기어간 대장군 한신

3 요동의 주인을 가리자!
고조선과 한나라의 전쟁
기원전 109년~기원전 108년

　고조선이 처음 역사서에 등장한 시기는 기원전 7세기 초입니다. 이 무렵에 저술된 《관자》라는 책에 제나라와 고조선의 무역을 기록한 내용이 있습니다.
　고조선은 춘추전국시대에 전국칠웅 중 하나인 연나라와 국경을 맞댔습니다.
　"오랑캐 동이족이 세운 고조선이 우리 국경 근처까지 영토를 확장했다고?"
　동이족은 중국에서 우리 민족을 무시하면서 부른 명칭입니다. 동쪽에 사는 큰활을 잘 쏘는 민족이라는 뜻이었습니다. 고조선의 활, 맥궁은 중국에서도 명품으로 취급하는 주요 무역품이었습니다.
　"당장 고조선에 사신을 보내 우리 연나라에 조공을 바치게 하라."
　연나라 왕의 명령을 받은 사신은 고조선에 가서 조공을 요구했습니다.
　"연나라에게 조공을 바치라고? 언제부터 연나라 따위가 우리 고조선을 업신여겼

조공(朝貢)
중국 주변에 있는 나라들이 정기적으로 중국에 사절을 보내 예물을 바치는 행위를 뜻합니다.

느냐! 당장 군대를 보내 연나라를 공격하라."

"대왕이시여, 안 됩니다. 비록 우리 고조선이 강대하다고 하나 전국칠웅 중 하나인 연나라와 전쟁을 벌이는 건 무리입니다."

신하 예가 앞으로 나서서 만류하자 고조선 왕은 겨우 화를 진정시켰습니다.

이렇게 고조선은 기원전 4세기 무렵 연나라와 대립하며, 중국인들이 교만하고 잔인하다고 표현할 정도로 강력한 국가체제를 갖추고 있었습니다. 그러나 기원전 3세기 후반부터 연나라가 동쪽으로 진출하면서 고조선은 세력싸움에서 밀리기 시작했습니다.

기원전 300년을 전후한 시기, 연나라의 장수 진개가 요하 상류에 근거지를 둔 동호족을 물리친 다음에 고조선을 쳐들어왔습니다.

이때 연나라는 요동 지방에 요동군을 설치하고 요새를 쌓았습니다. 그 결과 고조선은 서방 2천여 리의 땅을 잃고, 만번한을 경계로 연나라와 대치했습니다. 그 무렵 고조선은 중심지를 요하에서 평양으로 옮겼습니다.

기원전 195년, 연나라는 반란 때문에 큰 혼란에 휩싸이고 그곳에 살던 많은 사람들이 고조선으로 도망쳐왔습니다. 이들 가운데 위만도 약 1천 명을 이끌고 고조선으로 들어오는데, 준왕은 위만을 신임하여 박사라는 관직을 주고 서쪽 100리 땅을

전성기의 고조선 세력 범위

통치하게 했습니다. 그러나 위만은 기원전 194년 준왕을 몰아내고 고조선 왕이 되었습니다. 이때부터 일반적으로 고조선의 후기에 해당하는 위만조선이라고 부르게 되었습니다.

"우리 고조선을 거치지 않고는 한나라로 갈 수 없다."

위만의 손자 우거왕은 한반도 남쪽의 진국을 비롯한 여러 나라가 한나라에 조공하는 길을 막아 버렸습니다. 한나라와 중계무역을 통해 막대한 이득을 취하기 위해서였습니다. 이에 불만을 느낀 예군 남려 세력은 한나라에 항복했습니다.

"한무제시여, 지금 고조선은 오만하게도 한나라에 오는 조공을 막은 채 막대한 이익을 취하고 있습니다. 이대로 방치하면 한나라도 위험해질 것입니다."

"그렇지 않아도 고조선의 버릇을 고쳐놔야겠다고 생각하고 있었다. 일단 섭하를 사신으로 보내 우거왕이 직접 내게 와서 사과하게 하라."

한나라를 최대 전성기로 이끌고 있던 한무제는 내심 고조선을 멸망시킬 기회를 노리고 있었습니다.

"네가 한무제가 보낸 사신 섭하냐?"

"그렇습니다. 우거왕의 잘못을 깨닫게 해주기 위해 한무제께서 직접 보내신 사신입니다."

"잘못이라니?"

"한나라는 대국이요, 고조선은 소국입니다. 작은 나라가 큰 나라를 섬기는 건 당연한 자연의 이치인데 왜 그걸 어기려고 합니까?"

"네 이놈, 단군왕검께서 고조선을 세운 후 단 한 번도 중국에 고개를 숙인 일이

위만조선
옛 연나라 사람 위만이 고조선에 망명했다가 후에 고조선 준왕을 몰아내고 위만조선을 세웠습니다. 준왕은 한반도 남쪽으로 내려가 마한의 왕이 되었습니다.

없다. 당장 한무제에게 전해라. 이런 협박을 다시 한다면 고조선이 먼저 한나라를 공격하겠다고!!!"

협상에 실패한 섭하는 우거왕의 신하를 죽이고 요동으로 도망쳤으며, 나중에 그 공으로 한나라 무제로부터 높은 벼슬을 받았습니다.

"뭐라! 내 신하를 죽이고 도망친 섭하가 요동의 동부도위에 올랐다고? 당장 군사를 보내 잡아와라."

우거왕은 즉시 군대를 이끌고 쳐들어가 섭하를 처단했습니다.

"우거왕이 섭하를 죽였다고? 순체를 육군사령관으로 삼아 6만 명의 병사를 주고, 양복을 해군사령관으로 삼아 7천 명의 수군을 주거라. 그리고 당장 고조선을 멸망시켜라."

기원전 109년, 섭하가 죽었다는 소식을 들은 한무제는 그 이유를 빌미삼아 고조선을 공격했습니다.

"하룻강아지 범 무서운지 모르는 놈들이구나. 여기가 어디라고 감히 고조선을 침범하느냐!"

"고, 고조선 군대다."

"으악! 생각보다 강하다!"

우거왕은 요동으로 직접 군대를 이끌고 나와 한나라 군대를 막아냈습니다.

전쟁 초반에는 한나라 군대를 쉽게 무찔렀습니다. 그러나 한나라 군대가 최신 무기를 앞세워 다시 공격해오자, 고조선 군대는 이를 힘겹게 막아내다가 결국 수도인 왕검성까지 후퇴했습니다.

1년 가까이 계속된 전쟁에 지친 신하 삼은 우거왕에게 항복할 것을 요구했습니다. 삼은 우거왕이 자신의 요구를 받아들이지 않자, 결국 왕을 죽이고 한나라에 항복했습니다.

우거왕이 죽은 뒤에도 고조선 군대는 끝까지 한나라 군대와 맞서 싸웠으나, 세력이 약해져 처참하게 지고 말았습니다. 기원전 108년, 고조선은 마침내 멸망했습니다.

고조선이 망한 후, 한나라는 고조선의 일부 지역에 진번·임둔·낙랑·현도라는 4군현을 세워 사람들을 다스리기 시작했습니다.

그럼 고조선 사람들 모두 한나라의 지배를 받았을까요?

사실 많은 고조선 사람들은 한나라의 지배를 피해 한반도 남쪽으로 이주하여 삼한 사회의 발전에 지대한 영향을 끼쳤습니다. 또한 우리 선조들은 한나라의 4군현을 몰아내기 위해 계속 싸웠고, 후에 고구려가 한나라의 4군현을 이 땅에서 몰아내게 됩니다.

전투명 : 왕검성 전투
전투시기 : 기원전 108년

한무제는 육군사령관 순체에게 6만 명, 해군사령관 양복에게 7천 명의 병력을 주어 육지와 바다 양쪽에서 고조선을 공격하게 했습니다.

"순체의 군대를 기다려야 한다고? 그럴 시간이 없다. 오합지졸인 고조선 군대는 나 하나면 족하다."

요동 지역의 보병지휘관이던 다의는 양복과 순체의 군대를 기다리지 않고, 공을 세우려는 욕심으로 혼자 고조선을 공격했습니다.

하지만 고조선 군대에게 크게 지고 말았습니다. 뒤늦게 도착한 순체는 급히 우거

왕을 공격하지만 이미 기세가 오른 고조선 군대는 순체의 6만 군대와 맞서 싸웠습니다.

"한나라 군대는 급히 와서 지쳐 있고, 정예병도 아니다."

우거왕은 순체의 육군이 서로 협력하지 못하고 일사불란한 움직임이 없다는 걸 간파했습니다.

"고조선 영토에 들어온 한나라 놈들을 살려두지 마라."

우거왕의 외침에 용기를 얻은 고조선 군대는 순체의 육군을 일제히 공격했습니다. 결국 순체의 육군은 패수에서 고조선 군에게 패하고 말았습니다.

양복의 수군은 발해를 건너 은밀히 왕검성을 공격하려 했습니다. 양복은 순체가 고조선 군대를 격파하고 왕검성 근처에 와 있을 것으로 판단했지만 순체의 부대는 고조선 군에게 가로막혀 패수에서 고전하고 있었습니다.

양복이 순체의 부대를 기다리는 사이 고조선은 양복 부대를 기습 공격했습니다.

"기습이다!"

갑자기 기습을 당한 양복의 수군은 힘 한 번 쓰지 못하고 참패했습니다. 이 때 양복은 허둥거리며 산속으로 도망쳐 10일이나 숨어 있다가 한나라로 도망쳤습니다.

 **고조선의 미래, 명예를 선택할 것인가!**

한무제는 순체와 양복 두 장군이 고전하자 위산을 사자로 보내 우거왕에게 항복을 권유했습니다.

"우거왕이시여, 한무제가 항복을 바라며 사신을 보냈습니다."

"폐하, 절대 항복은 안 됩니다. 우리 고조선은 아직 싸울 수 있습니다."

"아니다. 지금 우리는 한나라와의 전쟁 때문에 지쳤다. 앞으로 계속 한나라와 싸우려면 힘을 비축해야 한다."

우거왕은 한무제에게 항복할 뜻을 알렸습니다. 그리고 태자를 보내 말 5천 필과 군량을 바치기로 결정했습니다.

이에 따라 태자는 군사 1만여 명을 이끌고 패수를 건너가려 했습니다. 이때 패수 서쪽에 주둔하고 있던 한나라 장군 위산과 양복은 태자가 이끌고 온 군대의 규모를 보고 놀랐습니다.

"혹시 고조선 놈들이 우릴 공격하려는 게 아닐까?"

위산과 양복은 고조선 군대를 보고 겁을 먹었습니다.

"고조선 태자는 들어라. 항복한 나라가 군대를 이끌고 온 것은 이치에 맞지 않다."

"형식은 항복이지만 정전협정을 맺는 자리다. 전쟁에서 진 것은 너희들이다."

"어쨌든 군사를 데리고는 절대 패수를 건널 수 없다."

위산은 끝까지 고집을 피웠고, 고조선 태자는 그들의 요구에 응하지 않고 그대로 왕검성으로 철수했습니다.

한무제의 명령을 어긴 위산은 결국 사형을 당했습니다. 만약 이 때 고조선과 한나라의 거래가 성립되었다면, 고조선은 비록 한나라에게 조공을 바치는 국가로 남았겠지만 고조선의 역사는 유지될 수 있었을 것입니다. 그만큼 고조선에게는 국력을 회복할 시간이 필요했던 상황이었습니다.

 전쟁 속 무기 이야기 –비파형 동검, 세형 동검

한나라와 전쟁을 하던 고조선은 어떤 무기를 이용했을까요? 고조선의 역사는 2천 년이 넘기 때문에 시간의 흐름에 따라 다양한 무기를 사용했습니다.

청동기에 들어선 고조선이 처음 사용한 무기는 비파형 동검입니다. 비파형 동검은 그 생김새가 악기의 일종인 비파와 비슷하여 붙여진 명칭입니다. 초기 고조선 문화를 대표하는 유물로서 주로 남만주와 한반도 서북부에서 많이 발견되었습니다.

청동기 후기로 넘어가면서 비파형 동검이 세형 동검으로 발전합니다. 세형 동검은 중국에서는 발견되지 않은 고조선만의 독특한 동검입니다. 그만큼 고조선의 기술이 발전했다는 증거로 볼 수 있습니다.

그렇다면 고조선은 철제 무기를 가진 한나라와 세형 동검으로 싸웠을까요? 철은 동보다 강하기 때문에 철제 무기를 가진 쪽은 압도적으로 유리한 싸움을 할 수 있었습니다. 그런데 고조선은 전쟁 초기에는 한나라와 대등한 싸움을 벌였습니다. 이것을 토대로 고조선도 철제 무기를 지녔음을 알 수 있습니다.

기원전 149~146 3차 포에니 전쟁으로 로마에 의한 카르타고의 멸망

기원전 133 로마의 에스파냐 전역 장악

기원전 133~121 로마 그라쿠스 형제의 죽음으로 토지 개혁 실패

혼자 힘으로 흉노족을 상대한 왕소군

한나라는 북쪽 흉노족에게 많은 시달림을 당했습니다.

흉노족이 얼마나 무서웠는지 한나라는 공주를 바쳐야 했습니다. 그러나 진짜 공주를 보낼 수 없어 대신 궁녀 왕소군을 공주라고 속여 보냈습니다.

흉노왕과 결혼한 왕소군은 거친 초원에서 살아야 했습니다.

왕소군은 평생 고향을 그리워하다 초원에서 죽음을 맞이했습니다.

죽음을 앞두고 왕소군은 유명한 시 한 구절을 남겼습니다.

춘래불사춘(春來不似春)
봄은 왔지만 봄 같지는 않구나.

왕소군은 돌무덤에 묻혔는데 사람들은 그곳을 '소군총'이라고 불렀습니다.

한나라가 흉노족을 물리친 건 한 무제 때였습니다. 이처럼 한나라가 흉노족에게 벗어날 수 있었던 건 왕소군의 희생 덕분이었습니다.

4 천하를 가져라!
위촉오 삼국 전쟁
184년~280년

　한나라는 전한과 후한 시대를 겪으면서 나라가 차츰 어지러워집니다. 급기야 후한 말에는 황건적이 난을 일으켰습니다.
　"한나라의 운은 이미 다했다. 이제 황건적의 세상이 될 것이다."
　사교집단 교주 장각이 일으킨 황건의 난은 순식간에 중국 전역으로 퍼져 나갔습니다. 한나라는 장군 황보숭과 장온, 동탁 등의 활약으로 황건의 난을 겨우 진압할 수 있었습니다. 하지만 곳곳에서 황건 잔당들이 수시로 반란을 일으켰기 때문에 한나라는 지방 관리나 제후들에게 군사적 권한을 많이 넘겨주었습니다.
　"우리도 스스로 힘을 기르자."

> **황건의 난**
> 장각이 '태평도'라는 신흥 종교로 농민의 마음을 사로잡은 후 신도를 조직하여 일으킨 농민대반란입니다. 참여한 사람들 모두 누런 수건을 썼기 때문에 황건적이라 불렀으며, 장각이 병으로 죽자 중심 세력이 뿔뿔이 흩어져 황보숭, 조조 등에 의하여 진압되었습니다.

각 지역의 제후들은 황건 잔당을 물리친다는 명목으로 군사력을 길렀습니다. 급기야 땅을 빼앗기 위해 자기들끼리 싸움을 벌였는데, 이때 두각을 나타낸 인물이 조조와 유비 그리고 손권이었습니다.

조조는 폐허가 된 낙양에 있던 한나라 황제 헌제를 자신의 근거지인 허로 데려와 대장군에 올랐습니다.

"뭐라고? 조조가 황제를 차지했다고?"

하북 지방을 대부분 차지하던 원소는 조조의 소식을 듣고 불같이 화를 냈습니다. 명문가 출신인 원소는 조조의 최대 적으로 당시에 가장 강한 세력을 가지고 있었습니다.

조조는 원소가 자신을 공격하려 하자 고민이 깊어졌습니다.

"어떻게 하면 좋겠느냐?"

"비록 원소가 강하다고는 하나 인물이 거만하고 남을 잘 믿지 않습니다. 우리가 일치단결하면 충분히 이길 수 있습니다."

조조는 책사의 말을 듣고 관도 지방에서 원소와 전쟁을 벌였습니다. 그리곤 관도 대전에서 조조는 큰 승리를 거두었습니다.

"원소를 이겼다."

"아직 천하를 다 손에 넣은 건 아닙니다. 손권과 유비가 호시탐탐 우리를 노리고 있습니다."

조조는 하북 지방을 손에 넣었지만, 강동의 손권과 형주의 유비는 큰 골칫거리로 남았습니다. 유비는 한나라의 왕족 출신이며 황건의 난 때 의형제인 관우, 장비와 함께 의병을 일으킨 인물입니다.

스스로 세력을 만든 유비와 달리 손권은 아버지인 손견과 형인 손책이 만들어놓은 기반 위에 왕에 오른 인물입니다. 조조의 입장에서는 두 세력만 무너뜨리면 중

국을 통일할 수 있었습니다.

"좋다! 이 기세를 몰아 유비와 손권을 치겠다."

조조는 백만 대군을 이끌고 진군합니다.

"조조가 많은 군사들을 이끌고 온다고?"

형주의 유표에게 몸을 의탁하고 있던 유비는 조조가 공격한다는 소식에 안절부절못했습니다. 자신을 돌봐주던 유표가 죽고, 내분에 빠진 형주는 도저히 조조와 싸울 형편이 아니었기 때문입니다.

"강동의 손권과 손을 잡아야 합니다."

"난 가진 것도 없는 몸인데 손권이 나를 위해 싸워줄 것 같소?"

"제가 설득해 보겠습니다."

그때 유비의 책사 제갈공명이 자신 있게 나섰습니다. 그 길로 제갈공명은 강동의 손권을 찾아가 함께 싸울 것을 설득시켰습니다. 결국 유비와 손권이 동맹을 맺고 조조와 대항하게 되었습니다. 그리고 양쯔 강 적벽에서 조조의 백만 대군과 손권, 유비의 동맹군이 결전을 벌였습니다.

"배에 불을 붙여라."

"조조는 해전에 약하다. 몰아붙여라."

유비와 손권의 동맹군은 양쯔 강에 떠 있는 조조 진영의 배에 불을 붙였습니다.

"불이다!"

"조조님, 퇴각해야 합니다."

조조는 불에 타고 있는 배들을 바라보며 퇴각 명령을 내렸습니다. 이로써 조조가 적벽대전에서 패하면서 중국은 조조의 위나라, 손권의 오나라, 유비의 촉나라로 갈라졌습니다. 위촉오의 삼국 시대가 펼쳐진 것입니다.

전체적인 국력은 위나라가 제일 강했지만, 오나라는 천혜의 장애물인 양쯔 강이 흐르고, 촉나라는 험준한 산악지대로 가로막혀 삼국을 통일시키기가 힘들었습니다.

"어지러운 천하를 바로 잡지 못하고 이대로 떠나는구나."

220년 1월, 조조는 낙양에서 죽음을 맞았습니다. 조조가 죽자 아들 조비가 왕위에 올랐습니다. 조비는 왕위에 오르자마자 한나라 황제 헌제를 협박해 한나라를 바치게 했습니다. 이로써 후한 제국은 14대를 끝으로 220년에 멸망했습니다.

조조가 죽은 후 유비는 223년, 손권은 252년에 생을 마쳤습니다. 이후 위촉오 세 나라는 서진에 의해 통일되었습니다. 서진은 조조의 신하였던 사마의의 손자인 사마염이 정권을 잡아 세운 나라로, 263년 촉나라, 280년 오나라를 멸망시키고 60년 만에 혼란한 중국을 통일했습니다.

위촉오 삼국 시대는 군사적인 면에서는 혼란기였지만, 사회적, 경제적으로는 삼국이 앞 다투어 국력을 배양하고 영토 확장에 힘을 기울였기 때문에 생산력이 높아졌습니다. 무엇보다 촉나라가 척박했던 운남과 한중을 개발하고, 오나라가 강남을 개발했다는 점에서 의의

적벽대전 - 위나라 조조에 대항해 오나라 손권과 촉나라 유비가 협동하여 양쯔 강에서 벌인 적벽대전은 중국의 삼국 시대를 굳히는 데 결정적 계기가 됩니다.

를 찾을 수 있습니다. 중국 역사상 강남 지역이 처음 개발된 시기였습니다.

전투명 : 적벽대전
전투시기 : 208년

208년, 조조의 함대가 양쯔 강 위에 떠 있었습니다. 조조가 오나라 손권을 정벌하기 위해 만든 함대였습니다.

"우웨~엑."

"배 멀미는 괴로워."

하지만 땅에서만 싸웠던 하북 출신의 조조 병사들은 배 위의 생활이 괴로웠습니다.

"안 되겠다. 배가 흔들리지 않게 모두 하나로 묶어라."

조조는 배 멀미로 괴로워하는 병사들을 위해 널빤지와 쇠사슬로 배들을 서로 연결해 고정시켰습니다. 덕분에 파도가 치고 바람이 불어도 배는 흔들리지 않았습니다.

"좋아! 군사들의 체력이 다시 회복됐다."

조조는 자신의 생각대로 일이 진행되자 기분이 좋았습니다. 하지만 조조의 이런 움직임을 지켜보고 있던 유비의 책사 제갈공명과 오나라의 대도독 주유는 회심의 미소를 지었습니다.

"조조가 스스로 무덤을 파는군요."

"이제 슬슬 시작해 볼까요?"

오나라 장군 황개는 주유의 명령을 받고, 거짓으로 조조에게 항복했습니다. 조조는 황개의 항복을 받아들였고, 항복을 약속한 날 황개가 타고 올 배를 기다렸습니다.
　"황개는 손씨 가문의 충신입니다. 완전히 믿기는 힘듭니다."
　"닥쳐라. 항복한 적장을 따뜻하게 맞아줘야 다른 장수들도 나에게 항복한다."
　조조는 유비와 손권을 이긴 것처럼 좋아했습니다.

　그러나 황개가 타고 온 배에는 기름이 가득했습니다.
　"불이야!"
　"황개의 배에 기름이 있다."
　황개의 배에서부터 시작된 불은 삽시간에 조조 군대의 배로 향했습니다. 조조의 배들은 서로 묶여져 있었기 때문에 금방 모든 배들로 불이 옮겨 붙었습니다.
　"쇠, 쇠사슬을 끊어라."
　"승상, 늦었습니다. 어서 피하십시오."
　때마침 바람까지 불어와 100만 대군이 탄 조조의 배는 한줌의 재로 타 버렸습니다. 조조는 겨우 목숨을 건져 하북으로 도망쳤습니다. 이로 말미암아 조조는 중국을 통일할 절호의 찬스를 놓치게 되었고, 중국은 위촉오 삼국 시대로 접어들게 되었습니다.

 **중국 통일의 기회를 다시금 바라며!**

유비님은 삼국의 통일이 이루어지지 못한 이유를 단지 위나라와 촉나라의 국력 차이라고 생각하시겠지요. 그렇지만 전쟁터에서 수 세월을 보낸 이 노병의 생각에는 하늘이 주신 기회를 놓쳐버린 유비님의 실수였습니다.

형주를 지키다 전사한 관우 장군을 기억하시지요? 관우는 조조와 손권의 심상 찮은 낌새를 채고 조조를 먼저 공격했습니다. 전쟁 초반 관우는 조조의 장군 우금을 포로로 잡는 등 눈부신 승리를 올렸습니다. 관우의 기세에 놀란 조조는 수도 허를 옮길 생각까지 했습니다.

하지만 오나라 여몽이 몰래 형주 지방을 공격하면서 흐름이 뒤바뀌었죠. 손권을 굳게 믿던 관우는 그만 형주를 빼앗기고, 번성에 고립되었습니다.

그때 만약 유비님이 구원군을 보냈다면 관우 장군을 지킬 수 있었겠지요. 물론, 형주와 가까운 상용 지방의 태수 유봉과 맹달 또한 구원군을 보내지 않았지요. 그렇지만 유비님이 사태의 심각성을 빨리 깨닫고 유봉과 맹달에게 구원군을 보내라고 명령하셨더라면 그들은 배신을 하지 않았을 수도 있었습니다.

관우를 잃는 순간 유비님이 원했던 중국 통일의 꿈도 깨지고 만 것입니다.

 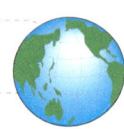

114 인도 카니슈카 왕조 시작
226 아르다시르 1세, 파르티아 제국을 멸망시키고 사산조페르시아 건국

맞수 대격돌   제갈공명 대 사마중달

위촉오 삼국 시대에 가장 유명했던 맞수는 촉나라 제갈공명과 위나라 사마중달이었습니다. 제갈공명은 죽은 유비의 뜻을 받들어 계속해서 위나라를 공격했습니다. 위나라를 물리치고 망해가는 한나라를 다시 세우려는 뜻이었죠. 이것이 제갈공명의 북벌 정책이었습니다.

"제갈공명 당신은 북벌을 하지 말았어야 했소."
제갈공명이 북벌을 할 때마다 군대를 이끌고 이를 막았던 사마중달이 제갈공명에게 말했습니다.
"사마중달 당신은 계략싸움에서 항상 나한테 졌소."
"하지만 제갈공명 당신의 북벌은 나 때문에 번번이 실패로 끝나고 말았잖소."
"그건 당신이 뛰어나서 내가 진 게 아니고, 촉나라와 위나라의 국력 차이가 크기 때문이오."
"그걸 알면서 왜 자꾸 무리하게 북벌을 시도하는 거요? 그건 제갈공명 당신이 세상을 보는 눈이 없기 때문이오."
"사마중달 당신이야말로 하나만 알고 둘은 모르는군."
"뭐라고?"
사마중달은 제갈공명의 말에 화도 났지만 궁금증도 같이 생겼습니다.
"사마중달, 잘 들으시오. 우리 촉나라는 분명 위나라보다 국력이 약하오. 하지만 내가 북벌을 않고 계속 촉나라에 머물렀다면 어떻게 됐겠소?"
"위나라는 인재가 많기 때문에 시간이 가면 갈수록 두 나라의 국력 차이는 더 벌어졌겠군."
"그렇소. 난 위나라가 더 안정되기 전에 위나라를 멸망시키기 위해 북벌을 계속하는 거라오."
234년 봄, 2년간의 준비를 거친 제갈공명은 10만 병력을 이끌고 4차 북벌을 떠나 오장원에서 군대를 주둔시켰습니다. 제갈공명에 맞선 위나라의 총사령관 역시 사마중달이었습니다. 하지만 이 싸움에서 제갈공명은 그만 병을 얻고 죽고 맙니다. 이때가 234년 8월, 제갈공명의 나이 54세였습니다.

세 번이나 찾아가 인재를 구한 유비

5 고구려의 용맹
광개토대왕의 정복 전쟁
392년~413년

"환도성의 원한을 갚아주자."

광개토대왕은 자신의 뒤에 서 있는 고구려 개마무사들을 바라보며 외쳤습니다. 광개토대왕이 말하는 환도성의 원한은 중국의 5호 16국 시대와 관련이 깊습니다.

위촉오 삼국 시대를 통일한 서진이 내분에 빠지면서 주변에 있던 이민족들이 대거 중국으로 쳐들어왔습니다. 그 후 다섯의 이민족(5호)이 번갈아 돌아가면서 16개의 나라를 세워 5호 16국 시대라고 불렸습니다.

그중 선비족 모용황이 세운 전연이 342년 겨울, 대군을 이끌고 고구려로 쳐들어왔습니다. 고구려는 이 전쟁에서 패하여 환도성을 빼앗기고 고국원왕은 단웅곡으로

> **광개토대왕**
> 고구려 19대 왕(재위기간 391~413)으로, 살아 있을 당시 칭호는 영락대왕이며 본명은 담덕입니다. 소수림왕이 세운 정치적 안정을 기반으로 영토를 최대로 넓힌 군주로서, 한국 최초로 연호를 사용했습니다.

피신해야 했습니다. 전연은 고국원왕의 어머니 주씨와 왕비를 포로로 잡았습니다.

그러나 북쪽 지역에서 고구려 군대가 전연을 크게 이기자, 전연의 부대는 도망가는 길에 고구려 15대 왕인 미천왕의 무덤을 파헤쳐 시신을 가져가고 5만 명의 백성을 잡아갔습니다.

고구려 사람들은 이때 당한 치욕을 잊지 않고 있었습니다. 광개토대왕 역시 중조할아버지인 고국원왕이 전연에게 당한 일을 되갚기 위해서 지금까지 노력한 일을 잊지 않고 있었습니다.

"지금 고구려의 적은 둘이다. 하나는 남쪽 후방의 백제이며 나머지 하나는 우리에게 치욕을 주었던 전연의 후손 후연이다. 그중에서 먼저 백제를 공격한다."

광개토대왕은 후연을 공격하기 전에 백제를 먼저 공격하기로 결심했습니다. 백제 근초고왕의 손에 고구려 16대 왕인 고국원왕이 죽었기 때문입니다. 고구려는 소수림왕 때부터 국력을 강화시키며 복수를 다짐했습니다.

"석현성을 비롯한 10개의 성이 담덕에게 함락당했다고!!!"

백제 아신왕은 번개 같은 속도로 쳐들어오는 광개토대왕의 고구려 군대에 놀랐습니다.

"관미성이다! 담덕이 노리는 건 관미성이야. 당장 병력을 관미성으로 보내."

아신왕은 광개토대왕이 노리는 게 백제의 수도 위례성이라는 걸 눈치챘습니다. 특히 관미성은 백제의 수도를 방어하는 제일 중요한 성이었습니다.

"공격!"

"성벽을 타고 넘어라."

393년, 광개토대왕은 병사들을 독려하며 난공불락으로 꼽히던 관미성을 함락시켰습니다. 394년에는 수곡성, 396년에는 아리수 이북의 58개 성과 700여 개 촌락을 공략하고 위례성을 포위했습니다.

"항복합니다."

결국 공격을 견디지 못한 아신왕은 광개토대왕 앞에 나아가 항복을 청했습니다.

"원래 고구려와 백제는 한 뿌리에서 나왔다. 너희 백제가 고구려에 충성을 다한다면 백제를 멸망시키지는 않겠다."

광개토대왕은 아신왕의 동생과 백제의 대신 10명을 인질로 받아 당당하게 고구려로 돌아왔습니다.

"다음은 후연이다."

남쪽에서 위협하던 백제를 잠재운 광개토대왕은 곧바로 증조할아버지에게 치욕을 주었던 후연으로 눈을 돌렸습니다.

광개토대왕은 즉위 초부터 후연과는 우호 관계를 유지하고 있었습니다. 속으로는 복수의 칼을 갈고 있었지만, 백제와 동시에 전쟁을 할 수 없었기 때문입니다. 396년에는 후연의 책봉을 받고, 400년에는 사신을 파견하기도 했습니다. 중국은 5호 16국 시대의 혼란을 겪고 있었기 때문에 하나의 국가로 통일될 때보다 힘이 약했습니다.

'이길 수 있다!'

광개토대왕은 다시 한 번 다짐했습니다.

"대왕님, 후연 왕 모용성이 신성과 남소성을 공격하여 700리의 땅을 빼앗았습니다."

"뭐라고?!"

광개토대왕은 후연의 발 빠른 움직임에 당황했지만 이미 각오한 싸움이었습니다.

"적의 요충지인 숙군성부터 공격한다."

광개토대왕은 보복전을 펼쳐 402년 숙군성을 공격하고, 404년 후연을 공격했습니다.

"후연을 정벌하기 위해서는 요동 지역 확보가 급선무다."

"지금 후연 군대가 요동성을 공격할 조짐입니다. 요동성을 빼앗기면 요동 지역을 지킬 수 없습니다."

"좋다! 요동성에서 후연 군대와 싸운다. 요동성으로 진격!!!"

고구려는 곧바로 요동 지역을 장악하곤 이를 차지하기 위해 쳐들어온 후연 군대를 405년 요동성, 406년 목저성에서 격파하여 요동 장악을 확고히 했습니다.

"담덕, 이놈!"

후연 왕 모용성은 분노를 참을 수 없었습니다. 광개토대왕과의 전쟁에서 이긴 적이 없었기 때문입니다.

"용서하지 않겠다."

407년, 후연 왕 모용성은 5만 군대를 이끌고 광개토대왕을 공격했습니다.

"기다리고 있었다."

광개토대왕은 후연 군대를 바라보며 회심의 미소를 지었습니다. 압박을 이기지 못하고 후연이 스스로 불길 속으로 뛰어들었기 때문입니다.

"환도성의 원한을 이제 갚아주자."

광개토대왕은 고구려 군대의 개마무사들에게 공격 명령을 내렸습니다.

"막아라!"

"죽여라!"

고구려는 이 전쟁에서 후

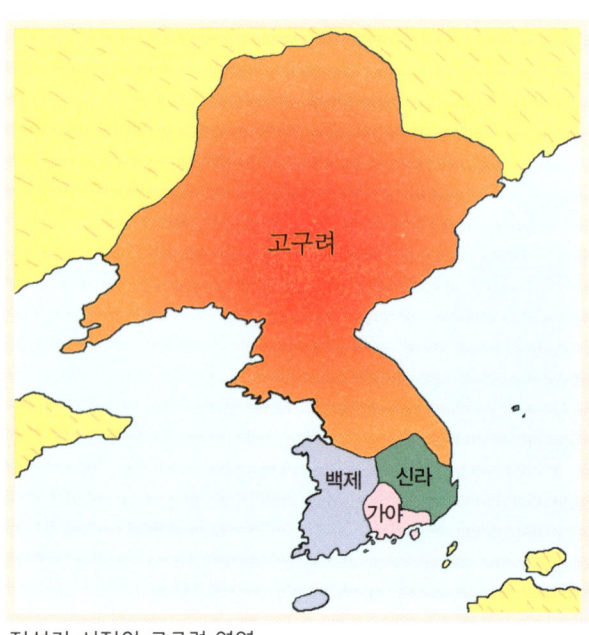

전성기 시절의 고구려 영역

연 군대를 격파하여 많은 전리품을 차지했습니다. 그리고 돌아오는 길에 후연의 6개 성을 점령했습니다. 전쟁에서 승리한 후 광개토대왕은 후연을 견제하기 위하여 남연과 우호관계를 맺었습니다.

"이제 후연의 숨통을 끊을 때다."

광개토대왕은 다시 후연을 공격하려 했습니다. 그런데 후연 안에서 내분이 일어나 스스로 멸망하고 고구려계인 고운이 북연을 건국했습니다.

"드디어 끝났다."

광개토대왕은 408년 새로 건국한 북연과 우호관계를 맺음으로써 후연과의 오랜 전쟁을 끝낼 수 있었습니다.

광개토대왕은 사후 국강상광개토경평안호태왕(國岡上廣開土境平安好太王, 국강상에 묻혔고 국토를 넓혀 나라를 안정시킨 위대한 왕)이란 시호로 칭송되며, 황제만이 쓸 수 있는 영락이란 연호를 사용했습니다. 고구려 광개토대왕은 우리 역사상 가장 자주적인 정복 군주로 이름을 날렸습니다.

전투명 : 요동성 전투
전투시기 : 402년~404년

"백제의 움직임이 심상치 않습니다."

첩자로부터 보고를 받은 광개토대왕은 깊은 고민에 빠집니다. 백제 정복 후 백제 아신왕에게 신하가 되겠다는 맹세를 받았지만, 백제는 계속해서 고구려에게 대항하고 있었습니다. 게다가 바다 건너 왜와 손을 잡고 연합군까지 결성했습니다.

'후연의 움직임이 심상치 않은 이때 백제까지 반기를 들다니!'

후연과의 전쟁을 계속하고 있던 광개토대왕은 백제의 소식에 오랫동안 고민을 거듭했습니다.

"공격이 최선의 방어다. 빼앗긴 남소와 신성을 공격해서 회복한다."

공격을 결심한 광개토대왕은 402년 후연에게 빼앗겼던 남소와 신성을 공격했습니다.

"와아! 남소와 신성을 되찾았다."

"멈추면 안 된다. 여세를 몰아 후연의 평주까지 밀고 들어간다."

광개토대왕은 백제와 왜의 연합군이 움직이기 전에 후연을 끝장낼 각오로 공격을 계속했습니다.

404년 11월, 광개토대왕은 후연의 평주를 함락시키고 여세를 몰아 후연의 도성까지 공격했습니다.

"조금만 더 몰아붙이면 도성을 함락시킬 수 있다."

광개토대왕은 병사들을 격려하면서 공격 명령을 내렸습니다. 계속된 싸움에 병사들도 지쳤지만 사기는 어느 때보다 높았습니다.

"백제군이 움직였습니다. 지금 남소와 신성이 공격받고 있습니다."

"보고 드립니다. 남소가 백제에 의해 함락됐습니다."

"끄응, 이대로 있다가는 퇴각마저 힘들어진다. 요동성으로 후퇴하라."

광개토대왕은 어려운 상황 속에서도 신속하게 명령을 내렸습니다.

예상하지 못한 백제와 왜의 연합군에 의해 고구려는 평주와 신성, 남소 등을 모두 잃고 요동성까지 후퇴했습니다.

"고구려 군대가 요동성으로 퇴각했다. 요동성만 함락시키면 고구려는 끝장이다."

후연 왕 모용성은 요동성을 함락시키기 위해 공격을 시작했습니다.

"중앙군을 대방으로 보내 백제를 막아라."

사태가 심각해지자 광개토대왕은 수도 국내성을 방어하던 중앙의 정예군을 대방에 투입하여 백제와 왜의 연합군을 막아냈습니다.

"정녕 요동성은 함락시킬 수 없는 난공불락 요새란 말인가?"

후연 왕 모용성은 몇 번이나 요동성을 공략했지만 결국 고구려 군대에 밀려 퇴각하고 말았습니다. 이 전쟁에서 고구려는 많은 국력을 소모했지만, 후연과의 전쟁에서는 결정적인 승기를 잡았습니다.

광개토대왕의 신라 구원군 파견

396년, 광개토대왕의 신하를 자처한 아신왕은 고구려에 대한 싸움을 준비하고 있었습니다.

"왜와 가야에게 사신을 파견하라."

아신왕은 백제의 힘만으로는 고구려에 대항할 수 없다고 판단해 연합군을 만들기로 결심했습니다. 397년 5월, 아신왕은 태자 전지를 왜에 보내 구원병을 요청했습니다.

"후연이 드디어 고구려를 공격했습니다."

"좋다! 고구려는 더 이상 우리에게 신경 쓰지 못한다. 첫 번째 목표는 고구려에게 동조한 신라다."

 백제와 왜 그리고 가야 연합군은 신라의 수도 서라벌을 향해 빠르게 진격했습니다.

 "내물왕이시여, 신라군이 백제군에게 무너졌습니다. 이대로 가다가는 신라는 끝장입니다."

 "그럼 어찌해야 한단 말이냐?"

 신하의 보고를 받은 신라 내물왕은 다급히 물었습니다.

 "지금 우리 신라를 지켜줄 나라는 고구려뿐입니다. 고구려에게 구원을 청해야 합니다."

 내물왕은 신하의 말대로 고구려에 구원병을 청하는 사신을 보냈습니다.

 "광개토대왕이시여, 제발 신라를 위해 구원병을 보내주십시오."

 "신라는 우리 고구려와 동맹국이다. 백제를 용서하지 않겠다."

 400년, 광개토대왕은 보병과 기병 5만 명을 신라에 보내 백제와 왜의 연합군을 물리쳤습니다. 그리고 신라를 고구려의 속국으로 삼아 서라벌에 계속 머물며 신라를 지켜주었습니다. 하지만 만약 이때 고구려가 신라를 속국으로만 삼지 않고 직접 지배했다면 삼국 통일은 고구려에 의해 더 빨리 올 수도 있었습니다.

전쟁 속 무기 이야기 –개마무사

광개토대왕이 백제와 후연의 싸움에서 이길 수 있었던 원인은 무엇일까요? 광개토대왕의 뛰어난 전술과 강인한 리더십이 있었기 때문입니다. 또한 고구려만의 뛰어난 철기 문화도 한몫을 담당했습니다.

고구려는 중국보다 우수한 철의 생산지를 보유했습니다. 고구려의 중심지인 요동의 철산지는 중국의 그것보다 우수하고 탁월했습니다. 특히 고구려의 뛰어난 철기 기술을 상징하는 것으로 개마무사를 꼽을 수 있습니다.

개마무사는 갑옷으로 두른 말을 타고 중무장한 병사들을 뜻합니다. 이들은 모두 강철 갑옷으로 무장하고 5미터가 넘는 창을 어깨와 겨드랑이에 밀착시킨 후 기사의 갑옷과 체중에 말을 달린 탄력까지 합하여 적에게 돌진했습니다. 이런 기동력과 전쟁에서 얻은 전술을 바탕으로 고구려는 상대편을 쉽게 공격할 수 있었습니다.

- 392 로마 황제 테오도시우스 1세에 의해 기독교 국교로 공인
- 395 로마 황제 테오도시우스 1세 사망
- 434 형을 죽인 아틸라가 훈왕이 되어 유목민을 모음
- 486 프랑크족이 갈리아에 프랑크왕국 건설

맞수 대격돌 광개토대왕 대 아신왕

"반드시 담덕을 이겨야 한다."

392년 왕위에 오른 백제 아신왕은 5년 넘게 광개토대왕과 전쟁을 했지만 단 한 번도 이겨본 적이 없었습니다.

고구려와 백제는 원래 한 뿌리에서 갈라져 나온 나라였습니다. 고구려를 세운 고주몽의 두 아들 비류와 온조가 남쪽으로 내려와 세운 나라가 백제였기 때문입니다. 그러다가 346년, 백제 근초고왕이 고구려와의 전쟁 중에 고국원왕을 전사시킴으로써 두 나라는 원수가 되었습니다.

"온조대왕이 세우시고, 근초고왕께서 기초를 만든 백제가 고구려에 진다는 건 말도 안 된다."

아신왕은 광개토대왕에게 항복했다는 사실도 잊은 듯 고구려에 대한 원한으로 가득 차 있었습니다.

"일본과 동맹을 맺고 고구려를 공격한다."

397년, 아신왕은 태자 전지를 인질로 일본에 보내고 동맹을 맺었습니다. 만반의 준비를 갖춘 백제는 404년, 고구려가 후연과 전쟁을 벌이자 고구려를 공격했습니다.

"이번이 마지막 기회다."

아신왕은 광개토대왕이 이끄는 고구려와의 싸움에 마지막 힘을 다 쏟지만 대방 지역에서 고구려 군대에게 패했습니다.

"평생 담덕을 이기기 위해 노력했지만 한 번도 이기지 못했다. 이제 내가 죽으면 백제를 누가 지킨단 말인가!"

아신왕은 광개토대왕에 맞서 한평생 싸웠지만 결국 405년에 죽음을 맞이했습니다. 그리고 아신왕의 우려대로 광개토대왕의 아들 장수왕이 백제 개로왕을 전사시키고, 백제를 멸망시켰습니다. 백제는 전성기의 힘을 잃고 결국 웅진과 부여로 수도를 옮기면서 새로운 백제를 만들게 됩니다.

광개토대왕은 북으로! 장수왕은 남으로!

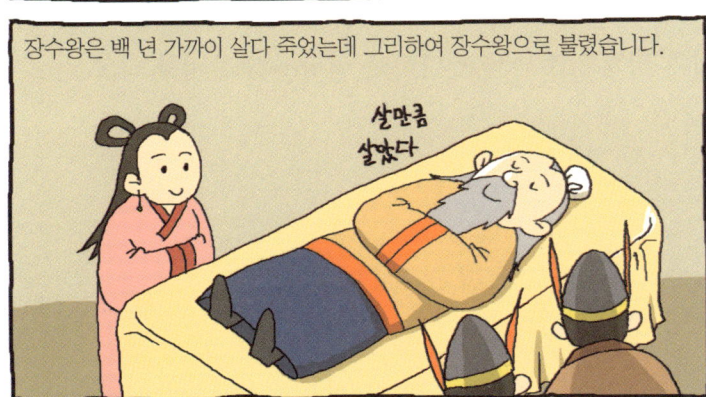

6 중국을 재통일하라!
수나라와 당나라의 통일 전쟁
581년~618년

　5호 16국의 난으로 하북 지방을 잃은 한족은 강남으로 내려가 동진을 세웠습니다. 그 후 송, 제, 양, 진의 4개 나라가 차례로 건국됩니다.

　반면, 하북 지방은 5호 16국의 혼란을 거듭하다가 서부 선비탁발부의 북위가 439년 태무제 때 혼란을 수습하고 하북을 통일했습니다. 이로써 중국은 하북 지방의 북위와 강남 지방의 진나라로 안정을 되찾았습니다. 바야흐로 위진남북조 시대가 시작된 것입니다.

　6세기 중반 북위는 다시 동위와 서위로 갈라지고, 이어 동위는 북제, 서위는 북주로 바뀌었습니다. 그 뒤 북주가 북제를 멸망시켜 다시 하북 지방을 통일했습니다.

　북주 대장군 양견은 황제 무제의 명령으로 남쪽 진나라를 멸망시킬 준비를 하고 있었습니다.

　"황제가 돌아가셨다고?"

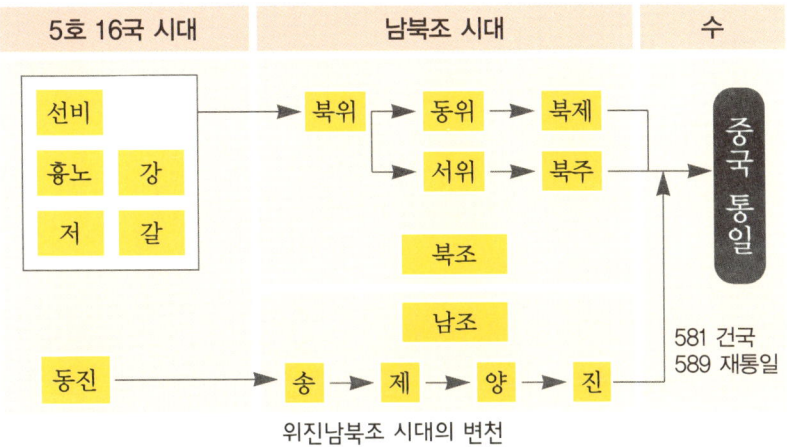

위진남북조 시대의 변천

　북주의 대장군 양견은 뜻밖의 소식에 마음이 심란해졌습니다. 중국 통일을 눈앞에 두고 나라가 혼란에 빠질 수 있었기 때문입니다.
　황태자는 나이가 어리고 심성이 곱지 못했습니다. 양견의 예상대로 황제에 오른 정제는 일은 하지 않고 놀기에 바빴습니다.
　"대장군! 장군님이 이 나라를 맡아야 합니다."
　"이러다가는 천하가 다시 혼란에 빠질 수 있습니다."
　뜻 있는 대신들은 앞을 다투어 대장군 양견에게 황제에 오르라고 간청했습니다.
　"세상을 혼란에 빠뜨리지 않으려면 어쩔 수 없군."
　581년, 양견은 정제로부터 황제의 자리를 물려받아 수나라를 건국하고 문제라는 시호를 사용했습니다.
　"내가 수나라를 건국한 것은 혼란한 천하를 통일하기로 결심했기 때문이다. 지금부터 준비하여 진나라를 정복하겠다."
　양견의 명령에 따라 수나라는 남쪽의 진나라 정벌 준비에 들어갔습니다. 그리고 588년, 양견은 진나라에 원정군을 파견합니다. 원정군 총사령관은 양견의 둘째 아들인 양광이 맡았습니다. 양광은 후에 양견의 뒤를 이어 수나라 2대 황제에 오르는 인물입니다.

"진격하라!"

양광은 51만 명이 넘는 대군을 이끌고 진나라 정벌에 나섰습니다.

"수나라 군대가 쳐들어온다고?"

"그렇습니다. 51만에 이르는 대군입니다."

"수나라 양견은 북주의 황제를 몰아내고 스스로 나라를 세운 극악무도한 놈이다. 그런 놈이 보낸 군대라면 보나마나 오합지졸일 것이다. 그런 놈은 신경 쓰지 말고 술이나 따라라."

진나라 황제 진숙보는 매일 연회에 참가하느라 신하들의 말에 귀를 기울이지 않았습니다. 결국 589년, 진나라의 수도 건강은 양광이 이끄는 수나라 군대에 의해 손쉽게 함락되었습니다.

"진나라 황제 진숙보를 찾아라."

양광의 명령에 따라 병사들이 황제 진숙보를 찾았습니다.

"여기 황제가 숨어 있다."

황제 진숙보는 우물에 숨어 있다가 양광에게 잡혔습니다.

"황제 체면에 그런 곳에 숨다니! 이러니 나라가 망하는 것이다."

양광의 활약으로 진나라는 멸망하고, 수나라는 중국을 통일했습니다. 이로써 중국은 184년 황건의 난 이후 405년간 이어진 분열을 멈추게 되었습니다.

604년에 양견이 병으로 사망하자, 양광은 뒤를 이어 황제에 올랐습니다. 그가 바로 수양제였습니다. 수양제는 황제에 오른 후 즉시 동생들을 살해하여 제거했습니다.

"난 아버지와 다르다. 이제부터 새로운 수나라를 만들겠다."

양견은 검소한 생활로 유명했지만 수양제는 아버지와 다르게 사치를 즐겼습니다. 더구나 대대적으로 토목사업을 벌였습니다.

"하북과 강남을 잇는 대운하를 만들어서 물자가 한 번에 움직이게 해라."

수양제의 뜻은 좋았지만, 그 때문에 백성은 많은 일을 해야 했고 엄청난 세금을 내야 했습니다.

"다음은 고구려다. 고구려만이 우리 수나라에 고개를 숙이지 않고 있다."

수양제는 백성의 고통에도 아랑곳하지 않고 고구려 원정을 떠났습니다. 고구려 원정은 양견도 시도했다가 실패한 전쟁으로, 양견이 죽으면서까지 절대 고구려를 건드리지 말라고 당부했던 일입니다. 그러나 수양제는 유언을 따르지 않았습니다.

'고구려 따위는 한 번에 쓸어 버릴 수 있다.'

수양제는 자신만만했습니다. 그러나 세 번에 걸친 고구려 원정은 처참한 패배로 끝났습니다.

"폐하, 반란입니다. 양현감이 반란을 일으켰습니다."

"뭐라고! 양현감이!!!"

여러 차례 진행된 대규모 토목과 전쟁은 백성에게 엄청난 부담을 안겨주었고, 이를 견디다 못한 백성은 반란을 일으켰습니다. 2차 고구려 원정에서 돌아오던 도중 일어난 양현감의 반란을 시작으로 전국적으로 퍼져 나갔습니다.

"이놈들이 감히 반란을 일으켜! 용서하지 않겠다."

양현감
충신인 아버지 양소의 덕으로 예부상서까지 올랐던 양현감은 정치가 어지럽고 황제로부터 소외당하자 반의를 품게 됩니다. 613년, 수양제의 2차 고구려 침공 때 반란을 일으켰다가 관군의 공격에 패해 자살을 선택합니다. 양현감의 반란을 신호로 수나라는 본격적인 반란기를 맞이합니다.

수양제가 직접 반란을 진압했지만 오히려 반란이 확대되어 수나라 전체를 뒤엎었습니다. 그러자 황제 자리에 욕심을 낸 인물들이 하나둘씩 나타났습니다.

수나라 장군을 지냈던 왕세충과 고구려 원정군에서 탈주하여 하북 지역에서 세력을 키운 두건덕, 그리고 수나라의 태원 태수로 있던 이연이 대표적이었습니다.

"이, 이놈들! 이놈들…!"

618년, 수양제는 계속되는 반란 소식에 상심해 술로 세월을 보내다가 이에 불만을 품은 근위군단에게 살해당했습니다.

"수양제가 살해당했다고!!!"

수양제의 죽음을 전해 들은 태원 태수 이연은 놀라움을 감추지 못했습니다. 이연도 한때는 수나라의 충직한 신하였기 때문입니다. 이연은 결국 각지에서 일어난 반란을 진압하고 618년에 당나라를 건국합니다. 이연이 이처럼 쉽게 당나라를 건국할 수 있었던 건 그가 수나라의 핵심 세력을 이끄는 귀족이었기 때문입니다.

이연의 당나라 건국은 자칫 혼란에 빠질 수 있던 중국을 짧은 시간 안에 다시 하나로 통일시켰다는 점에서 의의가 있습니다. 당나라는 큰 피해 없이 수나라 힘을 그대로 이어받아 이후에 중국 문화를 꽃 피우는 역할을 하게 됩니다.

전투명 : 수나라의 정복 전쟁
전투시기 : 588년

"드디어 준비가 끝났다."

수나라를 세운 양견은 진나라를 공격할 준비를 마쳤습니다.

"양광을 행군원수로 삼고, 하약필과 한금호로 하여금 돕도록 하라."

"반드시 진나라를 정벌해 아버님께 바치겠습니다."

양광은 자신만만하게 아버지 양견에게 말했습니다. 수나라에서 준비한 병사는 수군과 육군 모두 합쳐 51만 명에 달했습니다.

588년 10월, 양광은 군사를 8개로 나누어 진나라를 공격했습니다. 이중 5개의 군대는 양광이 직접 지휘하며 곧바로 진나라의 수도 건강을 향해 나아갔습니다. 그해 12월에는 양광의 군대 대부분이 양쯔 강 북쪽 기슭에 집결했습니다.

"수나라 군대다!"

"양광이 직접 군대를 이끌고 왔다."

진나라의 수비군은 양광의 군대를 발견하고 다급히 진나라 조정에 이 사실을 알렸습니다.

"수나라가 쳐들어왔다고?"

"황제 폐하는 어디 있느냐? 이 사실을 어서 황제 폐하에게 알려야 한다."

다급해진 진나라 대신들은 연회를 즐기고 있는 황제 진숙보에게 알렸습니다.

"호들갑 떨기는! 그들은 예전에도 두 번이나 우리 진나라를 공격했지만 양쯔 강을 넘지 못했다. 우리의 막강한 수군이 있는 한 수나라는 절대 양쯔 강을 넘지 못해."

황제 진숙보는 오히려 중국의 가장 큰 명절인 춘절을 축하한다는 명분으로 두 아들에게 건강으로 돌아오라고 명령했습니다. 그 탓에 진나라의 양쯔 강 방어선은 더욱더 약해졌습니다.

"강을 건너라!"

양광의 명령에 수나라 수군은 정월 초하루에 양쯔 강을 건너기 시작합니다. 진나라 수군들이 즐겁게 설을 보내는 틈을 이용한 작전이었습니다. 심지어 하약필이 광릉에서 많은 군사를 거느리고 남으로 강을 건너는데도 진나라 군대는 그들을 발견하지 못했습니다. 한금호마저 밤을 틈타 군사를 거느리고 횡강에서 강을 건너는 데 성공했습니다. 이때 진나라의 수비병들은 모두 술에 취해 있어 쉽게 제압할 수 있었습니다.

　마지막으로 대군을 거느린 양광이 양쯔 강을 건너면서 사실상 전쟁은 수나라의 승리로 끝나게 되었습니다.

 수양제의 때늦은 반성

"수나라가 어쩌다 이 지경이 됐단 말이냐?"

618년, 수양제는 자신을 지키는 근위병에게 살해당할 위기에 처했습니다.

"왜 수나라가 망해 가는지 모른단 말이요?"

수양제에게 칼을 겨눈 근위병이 화가 난 듯 외쳤습니다.

"고구려 원정에 실패했기 때문에 수나라가 망한 것이냐?"

"그것도 중요한 이유 중의 하나요. 하지만 고구려는 강한 나라였소. 고구려에게 진 것 때문에 이러는 건 아니오."

"그럼 무엇 때문에 망했단 말이냐?"

수양제는 진심으로 그 이유를 알고 싶었습니다.

"대운하 때문에 망한 거요!"

"대운하? 말도 안 돼. 운하의 효과가 얼마나 큰데 그런 소리를 하는 거냐?"

605년, 수양제는 북경에서 낙양을 거쳐 항주를 잇는 운하의 건설을 명령했습니다. 기존의 작은 운하와 하이허 강(해하), 황허 강(황하), 화이허 강(회하), 양쯔 강(양자강), 첸탕 강(전당강)을 잇는 1,794km의 운하를 완성하는 데  6년이 소요되었으며, 무려 1억 5천만 명에 달하는 사람들이 동원되었습니다.

"얼마나 많은 사람들이 대운하 공사장에서 가혹하게 일하다 죽은 지 아시오?"

"대운하는 남쪽의 쌀과 물자를 북경까지 빨리 운반할 수 있는 획기적인 방법이었네."

"뜻은 좋았지만 백성의 고통이 너무 컸소. 게다가 당신은 너무 심하게 백성을 다루었소. 400년 만에 중국을 통일했으면 제일 먼저 백성을 보살폈어야지. 그래야 수나라가 오래 유지될 수 있었소."

"허허! 백성을 괴롭힌 죄를 지금 받는구나."

수양제는 자신의 잘못을 후회했지만, 결국 근위병에게 살해당하고 말았습니다.

반면, 수양제가 만든 대운하는 후대에게 많을 이익을 주기도 했습니다. 대운하의

534 비잔틴 황제 유스티니아누스 1세 법전 편찬
568 돌궐의 사자가 콘스탄티노플에 도착
576 서돌궐 왕 타르두의 명령에 의해 크리미아의 비잔틴 도시 포위

개통으로 경제적으로 풍족했던 남쪽이 북쪽과 연결되어 중국 전체의 유통이 원활해졌습니다. 또한 개봉이 교통의 중심지로 부상하며 경제적인 중요도가 높아졌고 이후에는 북송의 수도로 선택되었습니다.

맞수 대격돌 — 이세민 대 이건성

수나라를 멸망시키고 당나라를 세운 당고조 이연은 장남인 이건성을 황태자로 삼았습니다. 그러나 이연은 수나라 멸망에 큰 공을 세운 둘째 아들 이세민이 이건성을 순순히 황태자로 인정할지가 걱정이었습니다. 이연의 걱정대로 이건성과 이세민은 황제 자리를 놓고 서로 싸우기 시작했습니다.

"이세민을 죽이지 않으면 절대 황제의 자리에 오를 수 없습니다."

"네 말이 맞다."

이건성은 부하의 말이 옳다고 생각하고 아버지 이연을 찾아갔습니다.

"폐하! 방현령, 두연희, 위지경덕을 쫓아내야 합니다. 세 사람은 이세민을 부추겨 저를 모함하고 있습니다."

이연은 이건성의 말을 듣고 이세민의 부하들을 쫓아냈습니다.

"이것만으로는 안심할 수 없습니다. 이번 기회에 아예 이세민까지 죽여야 합니다."

"좋다. 비록 세민이가 내 동생이긴 하지만 황제 자리를 넘보는 건 용서할 수 없다."

이건성은 몇 번이고 자객을 보내 이세민을 죽이려고 했습니다. 그러나 이세민은 번번이 자객들을 피해 살아남았습니다.

"오히려 이세민이 날 의심하기 시작했다."

"자객으로 안 되면 아버지인 황제께서 직접 이세민을 죽이게 하소서."

이건성은 이연의 후궁 윤덕비를 움직여 이세민에 대한 안 좋은 소문을 퍼뜨렸습니다.

"폐하, 폐하의 둘째 아들 이세민이 뭔가 안 좋은 일을 꾸민다고 합니다."

"안 좋은 일이라니?"

"황제 자리를 노린다는 소문이…."

"뭐라고! 이세민이 감히 형을 밀어내고 황제 자리를 노린다고!"

이연은 이 소문을 사실로 믿고 이세민을 경계하고 의심하기 시작했습니다.

"이대로 있다가는 내가 당한다."

이세민은 결국 626년 7월에 반란을 일으켰습니다.

"살려줘!"

이세민은 살려달라고 애원하는 형 이건성을 활로 쏴 죽이고, 아버지 이연을 협박하여 황제의 자리에 올랐습니다. 그 후 이세민은 혈육을 죽였다는 죄책감에 더욱더 좋은 정치를 하게 되었습니다. 정관의 치라 불리는 태평성대를 열며 중국 역사상 가장 위대한 황제로 남았습니다.

아우야, 제발 살려줘!

……

비단길을 차지하는 자, 세계를 차지하리!

당나라는 국제무역이 발달한 나라였습니다. 당나라 수도 장안은 항상 국제무역 상인들로 넘쳐났습니다.

당나라가 국제도시가 될 수 있었던 이유는 서역과 무역을 하는 비단길을 장악했기 때문입니다.

주요 비단길 경로

당나라는 747년 토번(티베트)과 이슬람 세력을 물리치고 파미르 고원을 넘어 중앙아시아를 정벌하고 비단길을 개척했습니다.

당나라는 비단길을 통해 막대한 부를 쌓았고, 세계 최대 강국이 되었습니다.

중앙아시아를 차지하고 있던 이슬람 제국들은 당나라에게 빼앗긴 비단길을 되찾으려고 동맹을 맺었습니다.

"우리 모두 힘을 모아 당나라와 맞섭시다."

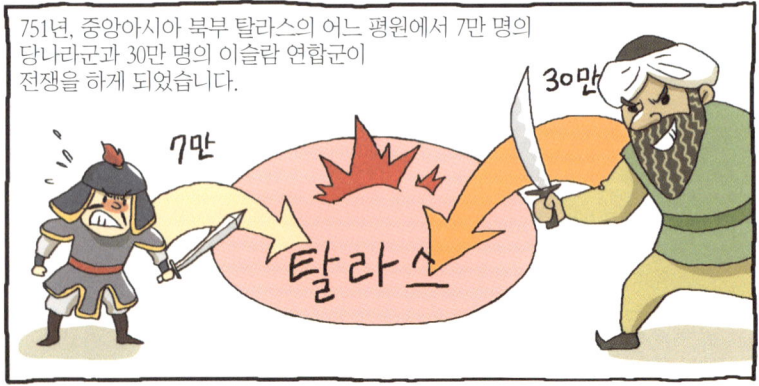

751년, 중앙아시아 북부 탈라스의 어느 평원에서 7만 명의 당나라군과 30만 명의 이슬람 연합군이 전쟁을 하게 되었습니다.

당나라군은 탈라스전투에서 그만 크게 패하고 말았습니다.

이 전투 이후 당나라는 비단길을 잃었고, 이슬람은 포로를 통해 종이 만드는 기술을 전수받게 되었습니다.

7 다시 불타는 요동
고구려 침략 전쟁
598년~648년

"수나라는 반드시 고구려를 칠 것이다."

589년, 수나라가 중국을 통일하자 고구려의 평원왕은 수나라가 고구려를 침략할 것이라고 확신했습니다. 이를 대비해 산성을 수리하고 군량미를 확보하는 등 전력 보강에 나섰습니다. 그러나 590년에 평원왕이 갑자기 세상을 떠났습니다.

새로 즉위한 영양왕은 아버지의 뜻을 이어받아 수나라 공격에 대비했습니다.

"수나라가 계속 우리 고구려를 협박하고 있소. 어떻게 하면 좋겠소."

"수나라의 오만방자함은 붓으로 답할 게 아니라 칼로 답해야 합니다."

영양왕은 고구려 장군 강이식의 말을 듣고 그를 병마원수로 삼아 군사 5만 명을 거느리고 임유관으로 향하게 했습니다. 또한 말갈 군사 1만 명을 요서에 침입시켜 수나라 군사를 유인했습니다. 당시 세계 최고로 자부하던 중국에게 대항해 고구려가 선제공격을 한 셈입니다.

"고구려 따위가 감히 수나라를 공격해!"

앙견 수문제는 고구려의 침공 소식을 듣고는 크게 화를 냈습니다. 이어 넷째 아들 한왕 양과 왕세적을 원수로 삼고, 주라후를 수군총관으로 하여 고구려를 공격하게 했습니다. 그러나 장마 때문에 유행병이 돌고 보급품 역시 풍족하지 못해, 산동성을 출발한 해군은 도중에 태풍을 만나 전함 대부분을 잃었습니다. 수나라는 퇴각할 수밖에 없었습니다.

고구려에 대한 수나라의 침입 경로

604년 7월, 수나라는 수양제가 황제가 되었습니다.

"아버지가 못다 이룬 고구려 정벌을 내가 해보이겠다."

수양제는 아버지인 수문제의 실수를 되풀이 않기 위해 철저하게 준비했습니다. 오랫동안 방치되었던 만리장성을 수리하는 등 고구려 정벌에 앞서 변방의 수비를 강화했습니다.

"이젠 때가 됐다."

돌궐 계민가한에게서 충성을 맹세 받은 후 내부의 불안 요소를 해결했다고 생각한 수양제는 중국 역사상 최대 규모의 군사를 동원했습니다. 수양제가 고구려 2차 침공 때 동원한 군사는 무려 113만 3천 8백 명에 달했습니다. 수양제는 군대를 24군으로 편성하여 1군은 기병 40대와 보병 80대로 구성했습니다. 출발시키는 데만도 40일이 걸렸으며 행군의 길이도 무려 960리였습니다.

"이 전쟁의 승패는 요동성에서 판가름 난다."

이에 맞서는 고구려 군대의 총사령관 을지문덕은 요동성만 무너지지 않으면 충분히 이길 수 있다고 생각했습니다.

"요동성을 함락시켜라."

수나라 군대는 고구려의 관문이자 요동 지역의 최고 요새인 요동성을 공격했습니다. 그러나 고구려 군대가 직접적인 전투를 피하며 성안에서만 계속 공격하자 수나라 군대는 단 한 번도 이 성벽을 넘지 못했습니다. 요동성 안에는 미리 50만 석의 군량미가 비축되어 있었기 때문입니다.

"요동성을 넘는 사람에게 막대한 상금을 내리겠다."

수양제는 직접 병사들을 격려하지만 요동성은 3개월이나 끄떡없이 버텼습니다.

"식량이 떨어져갑니다."

"이렇게 해서는 절대로 고구려를 이길 수 없습니다."

"30만의 병력으로 별동대를 조직해서 고구려의 수도 평양을 직접 공격해야 합니다."

수양제는 장군들의 의견을 토대로 고구려 여러 성을 포위해 고구려 병사들을 성안에 묶어두고 별동대로 평양을 공격하려 했습니다. 이때 우중문 장군이 별동대를 이끌었습니다.

"쉬지 말고 진격하라. 하루라도 빨리 평양에 도착해야 한다."

신속한 이동을 위해 식량을 적게 가져온 별동대는 빠른 시간 안에 평양에 도착해야만 했습니다.

"수나라의 별동대를 평양 근처까지 끌어들여라."

만리장성
이민족의 침입을 막기 위해 제나라 때 처음 착공되어 진나라 때 완성되었습니다. 길이 2,700km로, 지금도 매년 수많은 여행객들이 찾고 있습니다. 현재 유네스코에 등재되어 있습니다.

별동대의 약점을 잘 알고 있던 을지문덕 장군은 일부러 별동대를 고구려 영토 깊숙이 끌어들였습니다. 식량을 많이 가지고 오지 못한 별동대의 약점을 이용한 것입니다. 을지문덕은 싸울 때마다 거짓으로 졌고, 신이 난 수나라 별동대는 계속 평양으로 향했습니다.

"평양으로 모두 모여라."

"별동대의 식량은 우리가 책임진다."

원래 수나라는 수군을 이용해서 평양에 도착한 별동대에게 식량을 보낼 계획이었습니다. 그러나 고구려 영양왕 동생 고건무의 활약으로 수나라 수군은 패하고 말았습니다.

"수군이 당했습니다. 수군이 식량을 전해주지 못해 식량이 떨어졌습니다."

"닥쳐라! 평양성이 눈앞이다. 평양성만 점령하면 식량을 얻을 수 있다."

우중문은 계속 전진하여 살수(지금의 청천강으로 추정)를 건너 평양성 30리 되는 곳에 군대를 주둔시켰습니다.

"수나라 별동대를 공격하라."

수나라 별동대가 지칠 대로 지쳤다고 생각한 을지문덕이 공격 명령을 내렸습니다.

"당했다. 퇴각하라."

우중문은 절반의 병력을 잃고 다급히 도망쳤습니다. 전투는 그것으로 끝난 것이 아니었습니다. 고구려 군대는 살수의 상류에 둑을 쌓고 수나라 군대가 건너오기만을 기다렸습니다.

"둑을 무너뜨려라."

수나라 별동대가 살수에 이르렀을

때 고구려 군대는 둑을 무너뜨리고 일제히 공격했습니다.

"도망쳐라!"

살수대첩이라 불리는 이 전투에서 수나라 장수 신세웅이 전사하는 등 별동대 대부분이 전사했습니다. 수나라 군사가 요동성에 도착했을 때 살아남은 병사는 겨우 2천 7백 명에 불과했습니다.

결국 수나라는 고구려에서 철수하게 되었고 이를 계기로 수나라는 멸망의 길로 들어서게 되었습니다.

전투명 : 안시성 전투
전투시기 : 645년

수나라를 이어 건국한 당나라도 고구려 정벌의 야망을 버리지 못했습니다. 고구려의 실권을 쥐고 있던 연개소문은 당나라와의 전쟁에 대비하고 있었습니다.

644년, 당나라는 고구려의 바다와 육지 양쪽에서 약 10만 명에 달하는 대규모 원정군을 편성해 공격을 시작했습니다. 당나라 황제 당태종은 수나라가 왜 고구려에 졌는지 잘 알고 있었습니다.

"병사의 숫자가 중요한 게 아니다. 최정예 병력으로 짧은 시간 안에 고구려 성들을 점령해야 한다."

645년, 당나라 군대는 무기를 총동원해서 원정길에 올랐습니다.

"이세적에 의해 개모성이 함락당했습니다."

"장량에 의해 비사성이 함락당했습니다."
고구려의 중요 방어성들이 속속 무너졌다는 소식이 연개소문에게 보고되었습니다.
"아직 요동성이 남았다. 요동성은 절대 함락되지 않는 성이다."
연개소문은 요동성만은 무너지지 않을 거라 확신했습니다.

"요동성이 함락됐습니다."
"백암성 성주가 항복했습니다."
645년 5월, 당태종에 의해 요동성까지 함락당했습니다.
"요동성이 무너지다니!!!"
연개소문은 위기상황임을 뼈저리게 느끼게 되었습니다. 이제 남은 성은 안시성밖에 없었습니다.
"안시성이 당나라 군대에게 공격받고 있습니다."
"고연수와 고혜진에게 15만 명의 병사를 주고 구원하게 하라."
연개소문은 고연수, 고혜진의 지휘 아래 말갈군을 포함한 15만 명의 군사를 보내 안시성을 돕게 했습니다. 그러나 구원병들도 당태종의 작전에 말려들어 끝내 항복하고 말았습니다.
"구원병까지 모두 물리쳤으니 이제 안시성만 함락시키면 고구려는 끝이다."
당태종은 안시성을 더욱더 포위하며 공격을 계속했습니다.

"오른쪽 성벽이 무너졌다. 성벽을 더 쌓아 막아라."
안시성을 지키는 양만춘 장군은 지친 부하들을 이끌고 필사적으로 성을 지켰습니다. 하루에도 6~7차례 당나라 군대의 공격이 계속되었고, 투석기가 날린 돌에 성벽이 무너지면 고구려 군대는 재빨리 목책을 세워 방어했습니다.

"왜 안시성을 함락시키지 못한단 말이냐? 우린 요동성까지 함락시킨 당나라군이란 말이다."

당태종은 장군들을 질책했지만, 3개월이 넘도록 안시성을 함락시킬 수 없었습니다. 당연히 당나라 군대의 사기는 땅에 떨어지고 말았습니다.

"으, 추워."

드디어 요동에 겨울이 찾아왔습니다. 게다가 식량마저 떨어지기 시작했습니다.

"후, 후퇴하라…."

당태종은 결국 철수할 수밖에 없었습니다. 당태종은 철군하면서 안시성 성주에게 비단 100필을 선물하며 양만춘에게 존경의 뜻을 보냈습니다.

당태종의 고구려 원정은 실패로 끝났고, 그 후 당에서는 일거에 공격하기보다는 자주 소부대를 보내어 고구려를 피로하게 하는 방식으로 전략을 바꾸었습니다. 이처럼 안시성 전투는 중국 역사상 가장 위대한 황제로 추앙받는 당태종의 야욕을 꺾은 중요한 싸움이라고 할 수 있습니다.

 *여수장우중문시(與隋將于仲文詩)*

고구려와의 전쟁에서 별동대를 이끌고 출병했다가 패한 후 고향으로 되돌아간 우중문은 한 통의 편지를 발견합니다. 살수에서 을지문덕이 자신에게 보냈던 편지였습니다.

"을지문덕 이놈!"

우중문은 분을 삭이지 못하고 을지문덕의 편지를 구겨 버렸습니다.

"휴우. 내가 어쩌다 이런 처지가 됐단 말인가!"

우중문은 구겼던 편지를 다시 펼쳤습니다.

神策究天文(신책구천문) 신기한 전략은 하늘의 이치를 꿰뚫었고
妙算窮地理(묘산궁지리) 기묘한 계책은 땅의 이치를 통달했노라.
戰勝功旣高(전승공기고) 이미 전쟁에 이겨 공이 높으니
知足願云止(지족원운지) 원컨대 만족함을 알고 그만두기를 바라노라.

'여수장우중문시'로 이름 붙여진 이 시는 을지문덕 장군이 우중문에게 조롱의 뜻을 담아 보낸 편지입니다.

수양제가 별동대 30만 5천 명을 이끌고 진격했을 때 을지문덕이 협상을 위해 우중문을 찾아간 적이 있었습니다.

'그때 을지문덕을 죽였어야 했는데!'

실제로 우중문은 을지문덕을 죽이려 했습니다. 하지만 같이 따라온 상서우승 유사룡이 항복하려는 적장을 죽이는 일은 없다며 말리는 바람에 을지문덕을 놓아주었던 것입니다. 풀려난 을지문덕은 별동대의 식량이 부족하다는 걸 간파하고 세밀한 전투 계획을 세웠습니다. 결국 별동대를 식량도 없이 평양까지 진격하게 만들어 싸움에서 이겼습니다.

"그때 을지문덕을 죽였어야 했어!"

만약 우중문의 계획대로 항복하러 온 을지문덕을 죽였다면 전쟁의 승패는 바뀌었을지도 모릅니다.

 ## 전쟁 속 무기 이야기 –청야전술

중국을 통일한 수나라와 당나라의 공격을 물리친 고구려의 힘은 무엇일까요?

고구려는 성을 중심으로 한 방어 전술을 기본으로 사용했습니다. 하지만 견고한 성도 언젠가는 함락되기 마련입니다. 그 방편으로 고구려가 썼던 전술 중 유명한 것은 청야전술입니다.

청야전술이란 적군이 한 톨의 식량도 얻지 못하게 모든 주민과 식량을 성안으로 옮기는 것을 말합니다. 그리곤 성 밖의 나머지는 모두 불태워 버립니다.

이 청야전술 때문에 수나라와 당나라는 식량을 고구려 현지에서 얻지 못하고 먼 중국에서 가져와야 했습니다. 따라서 전쟁이 길어질수록 수나라와 당나라 병사들은 식량 조달에 실패해 지쳐갔고 싸움은 고구려에게 유리해졌습니다.

- **651** 야즈데게르드 3세가 이슬람 제국과의 전쟁에서 붙잡혀 죽으면서 사산조 멸망
- **700** 사라센 군대의 북아프리카 대서안 연안 도착
- **703** 비잔틴의 살해 위협을 피해 유스티니아누스 2세 불가리아 왕국으로 도주
- **711** 사라센 군대가 스페인을 침입해 그곳의 서고트 왕국을 정복
- **725** 사라센이 에스파냐의 대부분 장악

맞수 대격돌   연개소문 대 이세민

당태종 이세민은 중국 역사상 가장 위대한 황제 중 한명입니다. 그런 당태종도 평생을 두고 어쩌지 못한 인물이 있었으니 바로 고구려 대막리지 연개소문이었습니다.

"이세민은 들어라! 너는 어찌하여 고구려를 침범하느냐?"

연개소문이 당태종 이세민에게 호통을 쳤습니다.

"내가 당나라 황제가 된 이후 모든 주변국들이 나한테 무릎을 꿇었다. 그러나 너희 고구려만이 나한테 고개를 숙이지 않고 있기에 버릇을 고쳐주려고 한 것이다."

"거짓말하지 마라. 이세민 넌 정통성을 얻기 위해 우리 고구려를 공격한 것이다."

"난 당나라 황제다. 황제에게 정통성이 무슨 필요가 있겠느냐?"

연개소문은 자신만만한 모습으로 당태종 이세민을 바라봤습니다.

"이세민 넌 처음부터 당나라 태자가 아니었다. 넌 황제가 되기 위해 형이자 태자인 건성과 아우인 원길을 살해했다. 그것도 모자라 아버지 당고조 이연을 협박해서 황제에 오르지 않았느냐!"

이세민은 연개소문의 말에 얼굴이 창백해졌습니다.

"그래서 네가 생각한 게 고구려 정벌이지. 수나라도 성공 못한 고구려 정벌을 성공하면 백성이 너를 따를 거라고 믿은 게 아니냐?"

"그건, 그건…."

당태종 이세민은 당황한 나머지 말을 제대로 할 수 없었습니다.

"연개소문 너도 고구려 영류왕을 죽이고 정권을 잡지 않았느냐?"

이세민은 연개소문이 642년 영류왕을 죽인 사건으로 반격했습니다.

"그건 영류왕이 너희 당나라와 손을 잡고 고구려를 팔아넘기려고 했기 때문이다."

연개소문의 말대로 영류왕은 당나라의 공격을 견디지 못하고 화해를 하려 했습니다.

"난 영류왕이 당나라와 화해하면 음흉한 네가 고구려를 몰래 공격할 거라고 믿었다. 난 고구려를 위해서였지만, 이세민 넌 권력에 눈이 멀어 형제를 죽인 것뿐이다."

연개소문의 마지막 말에 이세민은 할 말을 잃었습니다. 이처럼 두 지도자의 명분 싸움에서 밀린 당나라는 고구려와의 전쟁에서 패하게 됩니다.

백제에 복수한 김춘추의 나당 연합

신라의 김춘추가 활약하던 시기는 고구려, 백제, 신라 삼국이 치열하게 싸우던 시기였습니다.

642년, 백제 장군 윤충이 이끌던 백제 군대는 신라 대야성을 빼앗고 대야성의 성주이자 김춘추의 사위인 품석과 딸 고타소를 죽였습니다.

김춘추는 고구려와 힘을 합쳐 백제를 공격하고자 고구려에 가서 연개소문을 만나지만 오히려 고구려에게 붙잡힙니다.

고구려 대신 선도해의 도움으로 김춘추는 가까스로 탈출할 수 있었습니다.

이후 김춘추는 당나라로 넘어가 당태종을 만나 백제와 고구려를 물리치기 위한 동맹을 제의했습니다.

당태종은 고구려 정벌의 실패를 식량 부족 탓으로 생각하던 터라, 신라에게 식량을 공급받기로 하고 동맹을 맺었습니다.

서로 동맹을 맺은 신라와 당나라는 660년에 백제를 멸망시켰습니다.

8 고구려를 계승하라
발해 건국 전쟁
696년~698년

660년, 백제는 신라와 당나라의 연합군에 의해 멸망합니다. 그리고 8년 후 홀로 버티던 고구려마저 멸망하게 됩니다. 그때부터 당나라는 안동도호부를 설치하여 고구려 땅을 지배했습니다.

"우리는 당나라 지배를 받을 수 없다."

"고구려를 다시 되찾자!"

그러나 고구려 유민은 요동 지방을 중심으로 당나라에 대한 저항을 시작했습니다.

"고구려 유민들이 계속 저항

신라에 설치된 안동도호부

하고 있습니다. 이대로 가다가는 고구려 땅에서 물러나야 합니다."

"군사를 더 보내라."

"돌궐 때문에 요동 땅에 군사를 더 보낼 수 없습니다."

당시 당나라는 서쪽의 토번과 북쪽의 돌궐 때문에 군사를 요동으로 보낼 수 없었습니다.

"그렇다면 고구려 유민을 중국으로 옮겨라."

당나라는 아예 고구려 유민 2만 8천여 호를 중국 땅으로 강제 이주시켜 버렸습니다.

"조영아. 잘 봐라. 조국을 잃어버린 고구려 사람들의 아픔이다."

강제 이주되는 고구려 유민 속에는 발해를 건국한 대조영과 그의 아버지 대걸중상이 있었습니다. 대조영은 아버지를 따라 요서 지방의 영주로 오게 되었습니다. 영주 지방은 요하강 서쪽부터 북경 동쪽 사이의 땅으로 요동을 지나는 관문이었습니다. 당시 그곳에는 거란족과 여러 민족이 모여 살았는데 당나라는 그들의 반란을 우려해 항상 경계하며 가혹하게 다루었습니다.

"더 이상 당나라에 당하고 살 순 없다."

"힘을 합쳐 당나라와 맞서자."

696년, 영주 지방을 중심으로 점점 세력을 키우던 거란족은 추장 이진충과 사위 손만영을 중심으로 반란을 일으켰습니다.

"아버님, 거란족이 반란을 일으켰습니다. 우리도 무언가를 해야 합니다."

"조영아, 네 말이 맞다."

그때까지 다소 소극적으로 고구려 부흥을 꿈꾸던 대조영 일행도 이 사건으로 매우 큰 동기를 부여받았습니다.

"곧 반란을 진압하기 위해 당나라가 대군을 보낼 것입니다."

"그럼 어떻게 해야 하느냐?"

"우린 고구려 사람입니다. 괜히 거란족과 당나라 싸움에 끼어들어 피해를 볼 필요가 없습니다. 지금 정신없는 상황을 이용해 이곳을 떠나야 합니다."

대조영 일행은 당나라와 거란족의 싸움에 휘말리지 않기 위해서라도, 그곳을 떠나 새로운 곳을 개척할 필요가 있었습니다.

"그곳이 어디냐?"

"요하 넘어 태백산입니다."

대조영은 새로 사귄 말갈족 추장 걸사비우와 고구려 유민을 이끌고 태백산 동북 지역으로 이동했습니다. 오루하 일대를 근거지로 삼으며 성을 쌓고 수비를 굳건히 했습니다.

"거란족의 반란은 결국 진압될 것입니다."

"그럼 다음은 우리를 공격하겠구나."

"그렇습니다."

대조영은 당나라의 대규모 공격에 대비해 고구려 유민과 무장 출신 세력을 모아, 철저하게 수비태세를 갖추어 나갔습니다.

대조영의 예상대로 거란족은 이진충에 이어 손만영이 거란국의 황제에 올랐지만, 당나라의 대규모 공세에 의외로 쉽게 무너지고 말았습니다. 이때 거란국의 장군 이해고는 당나라 포로로 잡힌 후 당나라 장수로 들어갔습니다.

"다음은 대조영이다."

"폐하, 쉽게 움직이면 안 됩니다."

"어찌 그러느냐? 저놈들은 고구려를 다시 세우려 한다. 고구려 놈들이 얼마나 무서운지 몰라서 그러느냐? 더 크기 전에 없애야 한다."

"하지만 걸사비우가 이끄는 말갈족과 고구려 유민들까지 합쳐져서 세력이 만만치 않습니다. 쉽게 이기기 힘든 상대입니다."

당나라 고종은 대조영에게 벼슬을 내려 회유하려 했습니다.

"당장 꺼져라. 난 고구려의 후손이다. 어찌 너희 당나라 놈들에게 고개를 숙이겠느냐!"

대조영은 당나라에서 온 사신을 내쫓아 버렸습니다. 고구려를 계승할 새로운 나라를 꿈꾸던 대조영에게 고종의 어떤 회유책도 소용이 없었습니다.

"감히 내 제안을 거절해! 당장 대조영을 죽여라!"

당나라는 무력으로 대조영의 세력을 진압하기로 결정하고 거란족 출신의 장군 이해고를 옥검위 대장군으로 삼아 총공세를 시작했습니다.

"제가 이해고를 막겠습니다."

걸사비우가 자진해 말갈족 병사를 이끌고 전쟁에 나섰습니다.

"추장! 상대방 병력이 너무 많습니다."

"그래도 막아라. 끄윽!"

걸사비우는 병력의 차이를 극복하지 못하고 끝내 전사했습니다.

"걸사비우가 죽었다고!!!"

걸사비우의 전사 소식을 들은 대조영은 자신의 팔이 떨어져나간 듯 가슴이 아팠습니다.

"일단 당나라의 기세가 너무 세다. 천문령으로 후퇴해서 적을 유인해라."

대조영은 슬픔을 추스르고 명령을 내렸습니다.

"추격하라."

이해고는 걸사비우를 죽인 기세를 몰아 대조영을 추격했습니다. 하지만 대조영은 천문령에 먼저 도착해 함정을 파놓고 기다리고 있었습니다.

"공격하라."

이해고 군사들이 천문령에 도착하자 대조영은 공격 명령을 내렸습니다.

"물러서지 마라."

"이해고를 잡아라."

대조영과 이해고는 서로 운명을 건 전쟁을 벌였습니다.

"이해고가 도망친다."

"이겼다!"

며칠 동안 계속된 천문령 전투는 대조영 군대의 승리로 끝이 났습니다. 대조영은 만주 동부 지방의 고구려 유민과 말갈족을 모아, 698년 길림성 돈화현 부근의 동모산 기슭에 진국을 세웠습니다. 그리고 후에 발해로 이름을 고쳤습니다.

발해의 전성기 시절 영토

대조영이 건국한 발해는 고구려 멸망으로 빼앗겼던 만주 지방을 우리 민족이 다시 지배했다는 점에 큰 의의가 담겨 있습니다. 또한 사라질 뻔한 고구려 문화를 다시 지킬 수 있었습니다.

이후 발해는 신라와 함께 남북국 시대의 균형을 이루며 약 230년간 성장하다 요나라의 침입으로 멸망합니다.

전투명 : 천문령 전투
전투시기 : 698년

"천문령으로! 천문령으로 후퇴하라."

말갈족 추장 걸사비우가 이해고와의 싸움에서 죽었다는 소식을 들은 대조영은 천문령에서 최후의 결전을 벌이기로 결심했습니다.

'아버님만 살아계셨어도…'

대조영은 얼마 전 병으로 돌아가신 아버지 대걸중상을 떠올리며 슬픔에 잠겼습니다. 게다가 오랜 친구이자 동지인 걸사비우까지 죽자 대조영은 처음으로 포기를 떠올렸습니다. 하지만 언제까지 슬픔에 잠겨 있을 순 없었습니다.

'반드시 천문령에서 끝낸다.'

걸사비우를 물리친 이해고는 기세등등하게 천문령으로 진격했습니다.

"장군님, 병사들이 많이 지쳤습니다. 진군 속도를 늦춰야 합니다."

"닥쳐라. 대조영이 눈앞에 있다."

이해고는 대조영을 잡을 욕심에 행군 속도를 더욱 높일 뿐이었습니다. 이 때문에 이해고 부대는 뒤따라오던 후속 부대와 너무 멀리 떨어져 버렸습니다.

"저기가 천문령이다."

이해고의 눈앞에 펼쳐진 천문령은 험준한 산과 깊은 계곡으로 둘러싸여져 있었습니다.

"공격하라!"

이해고 부대는 천문령 산꼭대기에 있던 대조영 진지를 공격했습니다. 험준한 천문령 깊숙이 진지를 구축한 대조영도 물러서지 않고 총 반격을 했습니다. 하지만 산꼭대기에서 싸우는 대조영 군대는 이해고 군대보다 유리했습니다. 게다가 이해고 부대는 무리한 행군으로 지친 상태였습니다.

"장군님, 도망쳐야 합니다."
"으, 대조영이 눈앞에 있는데…. 바로 저기 있는데!"
이해고는 대조영의 공격을 견디지 못하고 결국 후퇴했습니다.
"이겼다. 우리가 이겼다!"
"만세! 대조영 장군 만세!"
대조영은 이 한 번의 대승으로 고구려 땅 전체를 점령하려던 당나라의 야욕을 완벽하게 꺾으며, 이후 사방 5천 리에 달하는 넓은 영토를 개척해 발해를 세우게 됩니다.

 발해를 세운 매소성 전투

"매소성 전투만 이겼더라도!"
대조영이 발해를 세웠다는 소식을 들은 당나라 황제 고종은 신라에게 패한 매소성 전투를 떠올렸습니다. 만약 그 전투에서 당나라가 승리했다면 대조영은 발해를 세울 수 없었기 때문입니다.
당나라는 신라와 연합해 660년에는 백제를, 668년에는 고구려를 멸망시켰습니다. 그러나 당나라는 고구려를 멸망시킨 데 만족하지 않고, 고구려 땅 전체를 차지하기 위해 안동도호부를 평양에 설치했습니다. 이어 백제 웅진도독부, 신라 계림대도독부를 설치해 한반도 전체에 대한 지배권을 확보했습니다.

"당나라 군대를 몰아내자."

신라는 더 이상 참지 못하고 당나라를 먼저 공격했습니다. 당시 당나라 군대는 고구려와 백제를 멸망시킨 세계 최강이었습니다. 신라가 도저히 이길 수 없는 상대였습니다. 그럼에도 신라는 고구려, 백제 유민들과 힘을 합쳐 당나라와 전쟁을 벌인 것입니다.

675년 9월, 임진강 매소성에서 당나라군 20만 명이 신라와 전쟁을 벌이고 있었습니다.

"뭐라고? 천성 전투에서 졌다고!"

천성 전투란 매소성에 있는 당나라 군대 20만 명에게 식량과 무기를 전달하려던 당나라 수군과 신라군이 벌인 전투였습니다. 당나라 수군의 패배로 말미암아 식량 공급은 완전히 끊겨 버렸습니다.

"대조영이 세력을 키우고 있습니다."

"돌궐이 전쟁을 벌이려고 합니다."

대조영과 돌궐의 소식은 식량이 끊긴 당나라 군대를 곤란하게 했습니다.

"굶어 죽기 전에 본국으로 철수한다."

사정이 다급해지자 20만 대군은 매소성에서 철수하려 했습니다.

"당나라 군대가 철수한다! 공격하라!"

신라 군대는 이때를 놓치지 않고 당나라 군대를 공격했습니다. 이 전투에서 신라 군대는 당나라 군대를 거의 전멸시키고 말 3만 380필과 3만 명분의 무기를 빼앗습니다. 그 후 676년 기벌포 해전에서도 승리하면서 나당 전쟁은 신라의 승리로 종결

되고 신라는 완전한 통일을 이루게 되었습니다.

게다가 매소성 전투의 승리는 당나라 군대의 전력을 약화시켜 대조영이 발해를 세우는 데 큰 도움이 되었습니다. 만약 이 전투에서 당나라가 승리했다면 신라는 멸망했을 테고, 발해 또한 건국되지 못했을지 모릅니다. 이처럼 매소성 전투는 우리 민족의 운명을 결정한 중요한 전투였습니다.

732 투울 전투에서 카를 마르텔이 사라센 격파, 이 덕분에 이슬람의 유럽 침공이 저지됨

751 프랑크족 카롤링 가문이 세운 카롤링거 왕조 탄생

756 피핀이 교황에게 '피핀의 기증'을 하고 이것은 훗날 교황령의 기원이 됨

맞수 대격돌 대조영 대 이해고

　발해를 세운 영웅 대조영의 최고 맞수로 거란족 출신의 당나라 이해고 장군을 들 수 있습니다. 거란족이면서도 당나라 장군이 된 이해고는 대조영의 정치적 동지인 걸사비우를 죽인 원수이기도 합니다. 또한 발해를 세우게 된 천문령 전투에서 대조영과 전쟁을 벌인 장군입니다.

"이해고 넌 거란족으로서 당나라에 충성하는 게 부끄럽지도 않느냐?"

"당나라는 저 멀리 돌궐을 제압하고, 고구려를 멸망시킨 강대국이다. 내 비록 거란에서 태어났지만 당나라를 위해 싸운다는 게 자랑스럽다."

　천문령 전투에서 마주한 대조영과 이해고는 한 치의 양보도 없이 대치했습니다.

"넌 거란족 족장 이진충의 양자이자 부하였다. 이진충은 당나라에 맞서 당당하게 거란국을 세운 인물이다. 그 분의 아들이라면 당연히 그 뜻을 이어받아야 하지 않느냐, 이해고?"

"이진충 족장은 자신의 분수를 모르는 사람이었다. 거란족이 살 길은 당나라에 충성하는 길밖에 없다."

　이해고의 대답에 대조영은 어이가 없었습니다.

"대조영 너는 고구려의 후예로 나와 함께 상주 지방에서 살았다. 우리 거란족의 도움으로 살아간 주제에 도망쳐서 반란을 일으킨 것이 아니냐?"

"난 단 한 번도 조국 고구려를 잊은 적이 없다. 그렇기 때문에 당나라 측천무후가 나를 포섭하기 위해 벼슬을 내렸을 때도 당당하게 거부할 수 있었다."

　대조영의 말에 이해고는 부끄러운 마음이 들었습니다. 거란족의 반란이 실패했을 때 당나라는 자신에게 옥검위 대장군이라는 벼슬을 주며 항복을 권했고 자신 또한 벼슬을 받고 당나라에 충성했기 때문입니다. 반면, 대조영은 고구려 부활의 큰 뜻을 가슴에 품고 지금까지 살아왔던 것입니다.

중국 최초의 여황제 측천무후

9 연운 16주를 차지하다
송나라와 요나라의 전쟁
979년~1125년

907년, 당나라가 망하자 중국은 70년 동안 5대 10국의 혼란기를 겪었습니다. 각 지역의 절도사들이 너나 할 것 없이 나라를 세운 것입니다.

한편 거란은 당나라의 정치적 혼란을 틈타 916년, 야율아보기가 거란국을 세우고 스스로 황제에 올랐습니다. 926년에는 발해를 멸망시키고 외몽골에서 동만주에 이르는 지역을 확보했습니다. 또한 936년, 거란의 2대 황제 태종은 후진의 건국을 도와준 대가로 연운 16주를 획득

10세기경의 아시아

하고 나라 이름을 요로 바꿨습니다. 그리고 거란은 끝내 후진까지 멸망시키고 하북 지방을 점령해서 백성을 괴롭혔습니다.

'반드시 천하를 통일해서 거란을 막을 것이다.'

후주의 근위군 총사령관이었던 조광윤은 혼란에 빠진 중국을 보며 다짐했습니다. 그리고 960년, 송나라를 세워 다시 중국을 통일했습니다.

"이제 송나라와 요나라의 싸움이다."

사람들은 중국을 다시 통일한 송나라와 북방의 요나라가 언제 전쟁을 벌일지 지켜보고 있었습니다. 요나라가 차지하고 있던 중국 북방의 영토, 즉 연운 16주를 놓고 팽팽하게 대립하던 두 나라는 드디어 전쟁을 벌이게 되었습니다.

"더 이상 북방의 야만족이 연운 16주를 차지하고 있는 모습을 못 보겠다."

979년, 송나라 태종이 연운 16주를 빼앗기 위해 군사를 움직였습니다. 철저히 준비한 송나라는 지금의 북경 지역을 포위했습니다.

"감히 송나라가 우릴 공격해! 야율휴가 장군은 당장 기병을 이끌고 가서 송나라를 물리쳐라!"

요나라 6대 황제인 성종은 12세의 어린 나이에 황제에 올랐지만 어머니의 도움으로 신속하게 명령을 내렸습니다.

"돌격하라!"

"도망쳐라! 거란족 기병대다."

절도사
중국 당나라 때에, 변방에 설치하여 군대를 거느리고 그 지방을 다스리던 벼슬을 말합니다. 절도사의 세력 다툼으로 인해 당나라의 중앙집권체제가 붕괴되었으며 국가질서가 흔들리고 사회경제적 피해가 심각해졌습니다.

연운 16주
오늘날 베이징 일대 다툼을 중심으로 한 16개의 주를 뜻합니다. 이 지역은 전략적 요충지로서 중요한 역할을 합니다.

당시 최강의 기병대를 자랑하던 야율휴가 장군은 고량하에서 송나라 군대를 크게 이겼습니다.

"요나라 군대가 개봉에서 300리 떨어진 전연까지 밀고 들어오고 있습니다."

개봉은 송나라의 수도였습니다. 연운 16주를 되찾으려다가 오히려 나라가 망하게 된 송나라는 다급히 요나라와 협상을 시작했습니다.

"매년 요나라에게 조공을 바치고, 형제의 사이로 지내겠습니다."

결국 송나라는 요나라와 전연의 맹이라는 치욕적인 조약을 맺었습니다.

전연의 맹 이후 송나라와 요나라는 평화로운 시기를 보냈습니다. 요나라는 송나라가 매년 보내오는 막대한 조공 때문에 오히려 전성기를 누렸습니다.

"요나라를…! 요나라를 물리쳐야 한다."

송나라 사람들은 요나라에게 당한 치욕을 갚기 위해 틈만 나면 기회를 노렸습니다. 그렇지만 강대해진 요나라를 감히 공격할 수는 없었습니다.

1115년, 두 나라 사이에 변화의 소용돌이가 생겨났습니다. 만주에서 활동하고 있던 여진족이 금나라를 세운 것입니다. 금나라를 세운 인물은 완안부의 추장 아구다였습니다. 여진족은 본래 10세기 초 이후 거란족이 세운 요나라의 지배를 받고 있었습니다. 그러나 아구다가 세력을 키워 요나라를 배반하고 금나라를 세웠습니다.

"여진족은 거란족과 사이가 안 좋다. 둘 사이를 이용하자."

새로 생겨난 금나라는 요나라와 국경을 맞대고 있어서 사이가 좋지 못했습니다.

"우리 서로 힘을 합쳐 요나라를 공격합시다."

송나라는 금나라에 사신을 파견해 해상의 맹세를 맺었습니다.

전연의 맹
중국 송나라에 침입한 요나라의 성종과 이를 막기 위해 싸우던 송나라의 진종이 체결한 강화조약을 뜻합니다. 그 내용은 첫째, 송나라는 매년 비단 20만 필과 은 10만 냥을 요로 보내며 둘째, 양국은 형제의 정을 나누며 셋째, 양국의 국경은 지금처럼 유지하고 양국의 포로들을 서로 송환하기로 되어 있습니다.

"지금까지 우리를 지배했던 요나라에 복수하자!"

금나라는 송나라와 연합을 맺고 요나라를 공격했습니다.

"금나라가 요나라를 공격했습니다. 우리도 군사를 움직여야 합니다."

"좋다. 출병하라. 하지만 한 가지를 잊지 마라."

"한 가지를 잊지 말라니요?"

"요나라나 금나라나 모두 야만족이다. 금나라가 요나라를 이겨도 우리에게 좋을 것이 없다."

송나라는 약속대로 요나라를 공격했지만 처음부터 소극적인 자세로 전쟁에 임했습니다.

"송나라 군대의 움직임이 이상합니다."

"신경 쓰지 마라. 우리 힘으로 요나라를 몰아내자."

1125년, 송나라와 금나라 연합군은 요나라를 물리쳤습니다.

"우리는 멈추지 않고 곧바로 송나라를 공격한다."

금나라는 그동안 송나라와 연합해 요나라를 물리치면서 송나라 군대의 약점을 찾아냈습니다.

"금나라 군대가 몰려옵니다."

송나라는 갑작스런 금나라의 공격에 어찌할 바를 몰랐습니다. 결국 1127년, 금나라는 송나라의 수도 개봉을 공격하여 상황 휘종과 황제 흠종을 사로잡았습니다. 이를 정강의 변이라고 합니다.

"강남으로 도망쳐라."

정강의 변
중국 북송의 정강 연간(1126~1127, 흠종의 연호)에 수도 개봉이 금나라 군대의 공격을 받아 함락되고 북송이 멸망하게 된 사건입니다. 금나라는 북송 황제 휘종, 흠종 이하 왕실의 3천여 명을 포로로 끌고 가게 됩니다. 이에 1127년 흠종의 동생 강왕이 즉위하여 남송을 건국합니다.

송나라 황제와 귀족들이 금나라에게 붙잡히자 살아남은 사람들은 강남 지방으로 내려갔습니다.

"송나라의 역사를 이대로 끝낼 순 없습니다. 어서 황제에 오르십시오."

강남으로 피신한 귀족들은 휘종의 아홉 번째 아들이

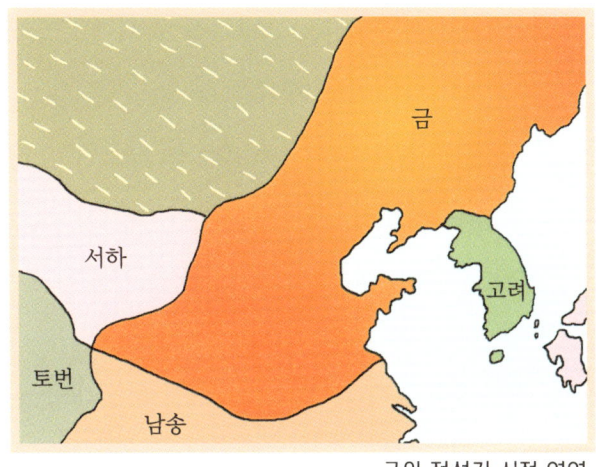

금의 전성기 시절 영역

자 흠종의 동생인 조구를 새로운 송나라 황제로 추대했습니다. 송나라 세력은 강남의 임안에서 새로운 송나라를 세웠고, 앞선 송나라와 구분하기 위해 남송이라고 불렀습니다.

전투명 : 연운 16주 쟁탈 전쟁
전투시기 : 983년~1005년

"12세짜리가 요나라 황제에 올랐다고?"

983년, 요나라 경종이 죽고 어린 성종이 12세의 나이로 즉위하자 송나라는 연운 16주를 다시 찾을 수 있는 기회라고 생각했습니다. 하지만 송나라가 모르는 게 하나 있었습니다. 당시 요나라는 성종의 어머니 승천황태후 소씨가 대신 나라를 다스리고 있었습니다.

"기회는 이때뿐입니다. 요나라를 공격해 연운 16주를 되찾아야 합니다."

986년, 송나라 하회포, 하영도 부자는 황제에게 거란에 대한 공격을 재촉했습니다.

"좋다. 그렇지 않아도 연운 16주를 되찾아야 한다고 생각했다. 군사를 좌로군, 우로군, 중로군 3개로 나눠 공격하라."

송나라 군대는 3군으로 편성돼 연운 16주로 진격했습니다.

"폐하, 우로군이 대승을 거두었습니다."

첫 전투에서 우로군은 요나라를 상대로 대승을 거두었습니다.

"야율휴가 장군은 송나라 군대를 막아라."

요나라 성종의 명령을 받은 야율휴가 장군은 승승장구 중인 우로군을 피해 좌로군을 먼저 상대했습니다.

"지금 송나라 군대의 기세가 날카롭다. 정면 승부보다는 유격전을 펼쳐라."

야율휴가 장군은 조빈 장군이 이끄는 좌로군을 기습 공격과 후퇴를 반복하며 괴롭혔습니다. 게다가 승천황태후 소씨도 어린 성종을 데리고 직접 전쟁터에 나왔습니다. 사기가 오른 요나라 병사들은 더욱 힘을 내어 좌로군을 공격했습니다.

"조빈 장군님. 좌로군의 피해가 너무 큽니다. 후퇴해야 합니다."

"후퇴를 하다가는 전멸한다."

"이대로 있다가도 전멸합니다."

포위망에 걸린 좌로군은 결국 거의 전멸당했습니다.

"이젠 추격을 멈추시오."

승천황태후 소씨는 송나라의 중로군

과 우로군이 남아 있음을 의식해 추격을 멈추라고 명했습니다.

　좌로군이 전멸당했다는 소식이 우로군에게 전해지자 우로군은 겁을 먹고 갈팡질팡 어쩔 줄을 몰랐습니다.
　"때는 이때다! 공격하라."
　이를 놓치지 않고 요나라의 야율사진이 이끄는 10만 대군이 우로군을 공격했습니다. 결국 우로군은 대패했습니다.
　"한 명의 백성이라도 더 데리고 후퇴하라."
　우로군과 좌로군의 패전 소식에 놀란 송나라 진종은 연운 16주에 남아 있는 백성을 데리고 후퇴했습니다. 이후 전쟁은 몇 년간 더 지속되지만, 야율휴가에게 대패한 이 전쟁으로 말미암아 송나라는 1005년, 요나라와 형제 사이가 되는 치욕스러운 전연의 맹을 맺게 되었습니다.

욕심이 바꾼 연운 16주의 운명

　대체 연운 16주는 어떤 땅이기에 송나라와 요나라가 서로 싸웠을까요?
　답을 찾기 위해서는 5대 10국으로 거슬러 올라가야 합니다. 5대의 첫 번째 왕조였던 후량은 907년에 건국되어 923년에 멸망되었고, 뒤를 이어 후당이 들어섭니다.
　당시 후당에서 가장 세력이 강했던 사람은 석경당으로, 후량 황제 명종이 죽자 황제의 자리를 노리기 시작했습니다.

'황제를 몰아내기에는 내 힘이 부족해. 어떻게 하면 좋지?'

석경당은 고심 끝에 이민족인 거란의 힘을 빌리기로 결정했습니다. 거란족을 끌어들이기 위해 연운 16주를 넘겨주겠다는 파격적인 제안을 하게 된 것입니다.

연운 16주는 현재의 북경과 하북성 그리고 산서성 일대로, 만리장성 안쪽에 위치하며 거란이 세운 요나라와도 국경을 맞대고 있었습니다. 따라서 연운 16주가 거란에 넘어가면 중원 대륙은 거란의 군사적 위협에 무방비로 노출될 수밖에 없었습니다.

"연운 16주는 절대 안 됩니다."

그러나 석경당은 부하들까지 반대한 이 거래를 성사시키고, 연운 16주를 거란족에게 넘겼습니다. 그리곤 요나라 황제를 아버지라 부르면서도 천하를 얻었다며 좋아했습니다.

"아버지가 지은 죄를 내가 대신 갚겠다."

석경당이 죽고 들어선 후계자 석중귀는 연운 16주를 되찾기 위해 전쟁을 벌이지만 오히려 거란에게 나라를 빼앗겼습니다. 만약 석경당이 자신의 욕심을 위해 연운 16주를 거란에게 넘기지 않았다면 송나라는 북방 민족인 요나라와 금나라에게 쉽게 당하지 않았을지도 모릅니다.

전쟁 속 무기 이야기 –차삼궁노

송나라는 북방 민족인 거란족, 여진족과 오랜 기간 전쟁을 벌였습니다. 북방 민족 군대는 말을 타고 싸우는 기병이 전력의 핵심이었습니다. 이에 대항한 송나라는 멀리서도 그들을 공격할 수 있도록 노를 사용했습니다. 노는 사정거리도 길고 명중률도 높았기 때문에 기병과의 싸움에 안성맞춤이었습니다.

　북송에서 노를 발전시켜 개발한 차삼궁노는 더욱 큰 반발력을 얻기 위해 활을 세 개씩 연결했습니다. 차삼궁노를 잡아당기기 위해서는 보통 병사 30명이 필요했는데, 이런 단점을 보완하기 위해 교자라는 장치를 사용했습니다.

　차삼궁노의 위력이 가장 빛을 발한 건 단주 전투 때였습니다. 북송의 황제가 직접 참전해 요나라와의 싸움을 지휘했던 이 전투에서 요나라 명장 소달란은 송나라 군대에서 쏜 노에 맞아 즉사하고 말았습니다. 덕분에 송나라는 전투에서 승리하게 되었는데, 이 정도로 전투의 승패를 결정할 수 있었던 무기가 차삼궁노였습니다.

세계는 지금

996　로마 제국의 황제 오토 3세 제1차 이탈리아 원정
998　로마 제국의 황제 오토 3세 제2차 이탈리아 원정
1031　히샴 3세가 왕위에서 쫓겨나며 후기 옴미아드 왕조 멸망
1034　셀주크의 투르크 왕조 성립

맞수 대격돌 악비 대 진회

금나라가 정강의 변을 일으킨 1127년, 강남 지방에는 남송이 세워집니다. 이때 남송의 장군으로 맹활약한 악비도 전쟁에 참가했습니다. 이후에도 악비 장군은 금나라와의 싸움에서 큰 공을 세워 남송 제일의 장군이 됩니다. 남송 사람들은 악비가 이끄는 군대를 '악가군'이라 부르며 칭송했습니다.

이때 북송의 황제 흠종과 함께 금나라로 끌려갔던 진회가 남송으로 돌아왔습니다. 남송 황제는 돌아온 진회를 맞이하며 그를 재상으로 삼았습니다.

"악비 넌 역적이다."

그러나 진회는 악비를 역적으로 몰아 비난했습니다.

"내가 왜 역적이냐? 난 목숨을 다해 금나라와 싸웠다."

"그렇기 때문에 역적인 것이다!"

"그런 억지가 어디 있느냐?"

악비는 머리끝까지 화가 났습니다.

"악비 넌 하나만 알고 둘은 모르는구나. 지금 금나라와 전쟁을 하는 건 남송이 망하는 지름길이다."

"금나라는 이 악비를 무서워한다. 악가군이 한 번이라도 진 적이 있느냐?"

악비는 진회의 말에 반박하며 목이 터져라 외쳤습니다.

"난 금나라 포로로 있었기에 그곳 사정을 누구보다 잘 안다. 지금 남송의 실력으로는 절대 금나라를 이길 수 없다. 우리 남송이 사는 길은 금나라와 화친을 맺어 평화롭게 사는 길뿐이다."

"그걸 어떻게 평화라고 할 수 있느냐! 매년 금나라에 조공을 바치는 게 평화냐! 그건 치욕이다."

"악비는 들어라. 계속 금나라와 전쟁을 한다면 역적으로 처벌하겠다."

악비 장군의 전쟁을 못마땅해 하던 진회는 결국 무고한 누명을 씌워 악비 장군을 살해했습니다. 그러나 후에 중국 사람들은 악비 장군을 충성스런 장군으로 추모하고 진회는 매국노로 여겨 손가락질했습니다.

중국 변방에서 중심으로 우뚝 선 강남

중국 강남은 변방 지역이었습니다. 강남을 처음 개발한 것은 위촉오 삼국 시대의 오나라였습니다.

"위나라를 이기려면 오나라를 개발해야 한다."

강남은 위진남북조 시대에 본격적으로 개발됩니다. 하북 지방에서 살던 귀족들은 이민족에 쫓겨 강남으로 도망쳐왔습니다.

그곳에서 세워진 중국 왕조들은 강남 토착 귀족보다 하북 지방에서 도망쳐온 귀족들을 더 우대했습니다.

"억울하면 출세하던지"

개발이 계속되면서 강남은 부유한 곳으로 변해갔습니다. 그 이유는 하북 지방의 뛰어난 농사법과 양쯔 강 유역의 풍부한 땅 그리고 따뜻한 날씨 때문이었습니다.

"날씨가 따뜻해서 농사를 두 번 지을 수 있어."
"씨를 뿌리세~"

강남이 풍족해지자 중국을 통일한 수나라는 대운하를 건설해서 강남의 풍부한 물자를 하북 지방으로 옮기려다 망했습니다.

"저 운하에 날 묻어줘..."

이후 당나라를 거쳐 송나라 때는 강북보다 강남의 경제력이 2~3배 앞서 나가게 됩니다.

더구나 북송이 망하고 남송이 강남 지역에 들어서면서 문화까지 화려하게 피어나자 강남 지역은 중국의 중심으로 자리 잡았습니다.

"이제부터 강남이 중국의 중심이다"

10 거란의 대 침공
고려와 거란의 전쟁
993년~1019년

거란족은 야율아보기가 여러 부족을 통일해 요나라를 세운 후 926년, 발해를 공격해 멸망시켰습니다.

918년에 고려를 세운 태조 왕건은 거란에 대해 적대적 태도를 보이는 한편, 북진 정책을 펼쳐 잃어버린 고구려를 되찾으려고 노력했습니다.

"이웃 나라끼리 친하게 지냅시다."

"우리 민족이 세운 발해를 멸망시킨 주제에 친하게 지내자고!"

942년, 요나라 태종이 화해의 뜻으로 낙타 50필을 보내자 태조 왕건은 사신을 섬으로 유배 보내고 낙타는 만부교에서 굶겨 죽였습니다.

우리가 무슨 잘못이라고…!!!

"절대 거란족을 믿지 마라."

943년, 태조 왕건은 후손들에게 거란족에 대한 유언을 남기고 생을 마감했습니다.

"거란의 침입을 대비하는 방법으로 뭐가 있겠느냐?"

"군사력을 늘리고, 새로 중국을 통일한 송나라와 손을 잡아 거란을 견제해야 합니다. 송나라는 연운 16주 때문에 반드시 거란과 전쟁을 하게 될 것입니다."

고려 정종은 신하의 말대로 농민으로 구성된 광군 30만 명을 양성하고, 송나라에 사신을 보내 화친정책을 펼쳤습니다.

"송나라와 전쟁을 하려면 뒤에 있는 고려부터 처리해야 한다."

993년 10월, 요나라 소손녕이 80만 대군을 이끌고 고려를 쳐들어왔습니다.

"80만 대군이 몰려온다고?"

"박양유와 서희가 군사를 데리고 가서 막아라."

하지만 고려군은 첫 싸움에서 황해도 봉산군 일대를 빼앗겼습니다.

"이제 어떻게 해야 한단 말이냐?"

"일단 북쪽 땅을 떼어줘서라도 화해를 청해야 합니다."

"땅을 거란족에게 떼어주라고?"

고려 조정에서는 항복하자는 항복론과 서경 이북을 떼어주자는 할지론 등이 어지럽게 주장되었습니다.

"태조께서 힘들게 차지한 땅을 떼어주다니요!"

서희와 이지백 등은 끝까지 요나라와 싸우자고 주장했습니다. 결국 고려 성종은 서희의 의견을 따라 계속 싸우기로 결정했습니다.

"우리의 힘을 한 번만 더 보여주면 고려는 항복하게 된다."

요나라 장군 소손녕은 고려 수도 개경과 가까운 안융진을 공격하기 시작했습니다.

"막아라!"

"안융진을 함락하라."

안융진을 공격했던 소손녕은 결국 필사적으로 저항하는 고려군에 막혀 실패하고 말았습니다.

"요나라 군대가 식량이 부족해 어렵다고 합니다. 이럴 때 사신을 보내 협상을 벌이는 게 좋다고 생각됩니다."

"좋다. 외교를 제일 잘하는 서희를 보내 거라."

고려 조정은 서희를 소손녕에게 보내 화친을 제의했습니다.

"송나라와 국교를 끊으면 군사를 돌리겠다."

"너희 요나라에게 사신을 보내고 싶어도 국경 근처에 여진족이 있어서 가지 못한다. 만약 강동 6주를 돌려준다면 요나라로 사신을 보내겠다."

요나라의 목적은 송나라와 전쟁할 때 고려가 송나라와 손을 잡는 걸 막기 위해서였습니다. 만약 약속대로 고려가 송나라와의 국교를 끊는다면 침공 목적을 달성한 셈이었습니다. 게다가 요나라 군대는 안융진의 패전으로 식량 사정이 좋지 못했습니다. 이대로 시간을 끌다가는 굶어 죽을 상황이었습니다. 그렇다고 아무 소득 없이 후퇴할 수도 없었습니다.

"좋다. 너희 뜻대로 해주겠다."

요나라는 고려에게 강동 6주를 주고, 80만 대군을 철수시켰습니다. 고려는 동여진족을 몰아내고 흥화진, 통주, 귀주, 곽주, 용주, 철주 등의 이른바 강동 6주를 설치해 영토를 압록강까지 넓혔습니다.

고려의 강동 6주

"우리가 강동 6주까지 주었는데 약속을 어기고 계속 송나라와 교류한단 말이냐!!!"

고려가 계속 송나라와 교류를 하자 요나라는 두 번째 정벌 부대를 보냈습니다.

1010년 11월, 요나라 성종은 직접 40만 대군을 거느리고 고려를 침략했습니다. 요나라는 고려와 송나라의 교류를 완전히 차단하고, 강동 6주를 되찾으려 했습니다.

"요나라 군대가 몰려온다. 막아라."

요나라 군대가 홍화진을 공격하자 성주 양규는 죽을힘을 다해 버텼습니다.

"30만 대군을 이끌고 요나라와 싸우던 강조 장군이 대패했습니다."

"뭐라고?"

홍화진 성주 양규는 강조 장군이 죽었다는 소식을 듣고 놀랐습니다.

"우리도 여길 버리고 도망쳐야 합니다."

"닥쳐라! 이 양규가 있는 한 홍화진을 한 발짝도 벗어날 수 없다."

양규가 계속해서 홍화진을 지키자 요나라 성종은 다급해졌습니다. 강조의 30만 대군을 이겼다고는 하나 홍화진에 계속 머물 수는 없었습니다.

"홍화진을 포기하고 개경으로 바로 가자."

요나라 성종은 홍화진에 절반의 병력을 남겨둔 채 고려 수도 개경으로 향했습니다. 있는 힘껏 개경을 함락시켰지만 고려 현종이 강감찬의 말을 듣고 나주로 피신한 후였습니다.

"나주까지 진격한다."

"안 됩니다. 홍화진을 함락시키지 못한 결과, 후방에서의 식량 조달이 어려워졌습니다. 게다가 양규가 군사를 모아서 후방을 계속 공격하고 있습니다."

고려 왕을 잡을 욕심으로 홍화진을 무시하고 무리하게 진격한 후유증이 나타난 것입니다.

"고려가 하공진을 보내서 화해를 하자고 합니다."

고려는 이와 같은 거란의 사정을 간파하고 하공진을 화친 사자로 보냈습니다.

"식량이 떨어지고 있습니다. 고려의 제안을 받아들여야 합니다."

요나라 성종은 고려 현종에게 직접 요나라로 오라는 말을 남긴 채 군사를 되돌렸습니다. 그러나 돌아가는 길에 양규와 김숙흥 등의 공격을 받아 많은 피해를 입었습니다.

1011년 1월, 개경으로 돌아온 고려 현종은 요나라에 가지도 않았고, 강동 6주를 돌려달라는 요나라의 요청도 무시했습니다. 게다가 1013년에는 요나라와 국교를 끊고 다음 해에 송나라와 다시 교류를 시작했습니다.

"도저히 고려를 용서할 수 없다."

1018년 12월, 요나라는 소배압에게 10만 대군을 주고 고려를 침공하게 했습니다.

"제가 나서서 두 번 다시 거란이 고려를 침입하지 못하도록 하겠습니다."

강감찬은 20만 대군을 이끌고 요나라 군대를 막으러 떠났습니다.

"쇠가죽으로 강물을 막아라."

강감찬은 기병 1만 2천여 명을 산골짜기에 매복시키고, 굵은 밧줄로 쇠가죽을 꿰어 성 동쪽의 냇물을 막게 했습니다.

"지금이다! 쇠가죽을 찢어라!"

요나라 병사들이 냇물을 건너려고 할 때 막아놓았던 쇠가죽을 터뜨렸습니다.

"물이다! 피해라."

요나라 병사들은 삽시간에 혼란에 빠졌습니다.

"돌격하라!"

강감찬의 명령에 숨어 있던 기병대가 요나라 군대를 공격했습니다. 이 싸움으로 크게 패하고 퇴각하던 요나라 군대는 자주와 신은현에서 강감찬이 이끄는 고려군의 협공으로 다시 패하게 됩니다. 이 귀주대첩에서 요나라 10만 군사는 겨우 수천 명만 살아 돌아갈 수 있었습니다. 1019년에 고려의 승리로 전쟁은 끝이 났으며, 이후 양국 사이에 사신이 왕래하면서 국교가 회복되었습니다.

　요나라는 세 번에 걸친 고려 침략 실패로 요동에서의 지배권이 흔들리기 시작했고, 고려가 있는 한 송나라로 쳐들어갈 수 없었습니다. 그리하여 고려-송-요 3국의 대등한 세력 균형이 형성되었습니다.

　한편 고려도 서북 지역에 커다란 피해를 입었으며, 북진 정책을 계속 추진하기도 힘들어졌습니다. 아울러 고려에서는 요나라와 여진족을 막기 위해 흥화진 북쪽의 압록강 어귀에서부터 동해안의 도련포에 이르기까지 천리장성과 개경 수비를 위한 나성을 쌓게 되었습니다.

전투명 : 귀주대첩
전투시기 : 1018년

　"폐하, 요나라에 항복해야 합니다."
　"벌써 요나라는 세 번이나 고려를 침공했습니다. 요나라는 대국이고, 고려는 소국입니다. 저들은 우리가 항복할 때까지 침입할 것입니다."
　요나라 장수 소배압이 10만의 군사를 이끌고 세 번째로 고려를 침공했을 때 고려 조정은 항복을 원하는 신하들이 많았습니다. 계속되는 전쟁으로 고려의 사정이 어려웠기 때문입니다.
　"지금 그걸 말이라고 하십니까?"
　가만히 듣고 있던 강감찬이 버럭 소리를 질렀습니다.

"우리가 괴로우면 요나라도 괴로운 법입니다. 또한 요나라는 지금 송나라와 대치하고 있습니다. 이번 전쟁만 승리한다면 요나라도 더 이상 고려를 침입하지 못합니다."

"강감찬 장군의 말이 맞다. 요나라를 물리쳐라!"

고려 현종은 강감찬을 상원수로, 강민첨을 부원수로 삼아 20만 대군으로 요나라 소배압 군대를 막도록 했습니다.

"일단 삼교천에서 요나라 군대를 막아야 한다."

강감찬은 압록강 유역 홍화진의 삼교천에서 물을 막았다 터뜨리는 방법으로 요나라 군대를 크게 물리쳤습니다.

"후퇴해야 합니다."

"무슨 소리냐? 아직 우리에게는 많은 병사들이 있다. 지금 강감찬이 고려의 주력부대를 이끌고 있다. 즉, 개경에는 군대가 없다는 것이다."

소배압은 후퇴를 하지 않고 고려 수도 개경을 향해 계속 내려왔습니다.

"이놈들, 기다리고 있었다."

강감찬은 이미 요나라 군대의 움직임을 예상하고, 부원수 강민첨에게 명령을 내려놓은 상태였습니다.

"공격하라!"

자주에서 기다리고 있던 강민첨이 공격 명령을 내렸습니다.

"안 됩니다. 우린 이미 졌습니다."

"개경이 눈앞이다. 계속 진격하라!"

소배압은 고려군의 공격에도 포기하지 않고 개경을 향했습니다.

"더 이상은 힘듭니다. 지금 병사라도 데리고 후퇴해야 합니다."

계속해서 개경으로 향하던 소배압은 황해도 신은 지방에서 후퇴를 시작했습니다.

"요나라가 두 번 다시 우리 고려를 침공 못하게 뿌리를 뽑아야 한다."

강감찬은 후퇴하는 소배압 군대를 귀주에서 매복해 있다가 공격했습니다.

"기습입니다."

"도망쳐라!"

소배압은 강감찬의 기습 공격을 받고 급하게 도망치려 했지만 이미 늦은 후였습니다. 귀주대첩이라 불리는 이 싸움에서 요나라 군대는 불과 수천 명만이 살아서 돌아갔고 길고 길었던 고려와 요나라의 싸움은 끝이 나게 되었습니다.

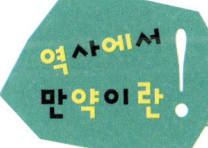 안융진 전투의 승리를 추억하며!

아들아, 요나라 군대에 맞서 끝까지 안융진을 지킨 대도수 장군을 기억하느냐!

발해의 마지막 태자 대광현의 아드님으로, 거란의 1차 침입 당시 안북부의 안융진 진장을 맡고 계셨던 분이란다.

당시 고려는 전쟁 준비를 마치지 못한 상태에서 요나라의 침공을 받아 모두가 우왕좌왕했단다.

'요나라가 쳐들어왔는데 난 여기서 수비나 하고 있다니! 이러다 고려가 지면 안 되는데….'

발해가 거란에게 망한 뒤 고려로 온 대도수 장군은 복수할 날만을 손꼽으며 자주 이렇게 되뇌곤 했단다. 안융진은 고려군 후방에 위치해 요나라 군대와 마주칠 일이 거의 없다고 생각했기 때문이지. 그러나 그것은 대도수 장군의 착각일 뿐 요나라는 별동대를 조직해 개경을 공격하는 작전을 펼치고 있었단다.

개경으로 가는 길목에 있던 안융진은 갑작스럽게 요나라 대군을 맞이하게 되었단다. 그때 우리 부대는 겨우 1천 명으로 요나라 대군을 막기에 불가능했었다.

그러나 대도수 장군의 진가는 이때 나타났단다. 안융진이 뚫리면 고려 전체가 위험하다는 판단 하에 모두의 목숨을 걸기로 한 거야. 대도수 장군은 불안해하는 부하들을 일일이 격려하며 치밀한 계획을 세웠지.

요나라 군대가 성벽을 타고 공격하자 우리는 성곽 위에서 뜨거운 물을 퍼부었단다. 그리곤 밤낮으로 전투를 벌였지. 그 덕분에 당장이라도 함락될 것 같았던 안융진은 며칠이 지나도 끄떡없었단다.

"요나라 군대가 도망칩니다."

"우리가 이겼다!"

안융진을 공격하던 요나라 군대는 결국 견디지 못하고 도망치기 시작했단다. 그때 대도수 장군과 병사들도 서로 얼싸안고 좋아했지.

그 덕분에 수도 개경을 지킬 수 있었고 나아가 고려까지 지켰던 이 안융진 전투를 내 평생 잊을 수가 없단다.

전쟁 속 무기 이야기 -검차

거란이 세운 요나라는 기병이 주력 부대였습니다. 말을 타고 움직이는 기병은 보병보다 빠르고 강했습니다. 이 때문에 고려는 전쟁이 힘들어지자 기병을 막을 수 있는 검차를 개발했습니다.

　검차는 길이 2.7m가 되는 두 개의 나무로 수레 채를 만들었습니다. 앞뒤에는 나무를 가로대고 축을 받게 하여 외줄의 두 바퀴를 달고 그 위에 판자를 깔았습니다. 그리고 두 수레 채 중간 부분에 각각 바퀴 하나씩을 달아 속에 넣어두었습니다. 수레를 끌고 갈 때는 바퀴 두 개만을 사용하고, 수레를 멈출 때는 속에 넣어두었던 두 바퀴를 내려 고정시켰습니다. 수레 맨 앞에는 날카로운 칼날을 이중으로 꽂고, 짐승의 얼굴 모양을 한 세 겹의 방패를 설치해 완성했습니다.

　완성된 검차 한 대당 여러 명의 병사를 배치해, 기병이 돌격해오면 검차를 앞세워 막아내는 역할을 했습니다. 이처럼 고려가 적은 병력으로 막강한 요나라 기병을 막을 수 있었던 건 조상들의 지혜로 만든 검차가 있었기 때문입니다.

1071　셀주크의 군대 예루살렘 점령 후 기독교 박해
1077　카노사의 굴욕으로 불리는 신성로마제국 황제와 교황과의 싸움에서 교황이 승리
1095　클레드 종교회의에서 십자군 원정 결정
1037　소피아대성당 완성
1088　세계에서 가장 오래된 대학인 볼로냐 대학교 설립

맞수 대격돌 서희 대 소손녕

서희는 80만 대군을 이끌고 고려를 침입한 소손녕과 회담을 하기 위해 요나라군 진영으로 들어갔습니다.

"서희는 당장 나에게 절을 하고 예를 올려라."

소손녕은 서희를 보자마자 큰소리로 외쳤습니다.

"절을 올리고 예를 갖추는 건 신하가 임금에게 하는 것이오. 소손녕 당신은 요나라 신하고 나 또한 고려의 신하요. 신하와 신하끼리 어찌 절을 한단 말인가!"

서희는 눈 하나 까딱하지 않고 오히려 소손녕에게 호통을 쳤습니다. 소손녕은 당당한 서희의 태도에 기가 눌렸습니다.

"요나라는 왜 고려를 공격하느냐?"

"그 이유를 모른단 말이냐? 고려의 한강 이북 땅은 원래 고구려 땅이다. 그러니 우리는 고구려 땅을 되찾기 위해 왔다."

"그게 무슨 말이냐?"

소손녕의 억지에 서희는 말문이 막혔습니다.

"원래 고려는 신라를 계승한 나라다. 그러니 당장 개경을 내주고, 신라의 땅 경주로 가거라."

"너희들이야말로 억지다. 고려는 분명 고구려를 계승한 나라다."

서희는 소손녕의 억지 주장에 침착하게 대응했습니다.

"고려가 신라를 이어받았다면 나라 이름을 신라라고 짓지 왜 고려라고 지었겠느냐. 고구려를 이어받았기에 고려라고 짓고 고구려의 옛 수도인 평양을 서경이라 하여 개경과 함께 도읍으로 정했다. 이런 이치로 따지자면 고구려 영토 안에 나라를 세운 너희 요나라가 우리에게 땅을 내놓아야 이치에 맞는다."

조목조목 바른말만 하는 서희에게 소손녕은 아무 말도 못했습니다.

"만약 너희들이 고려와 외교 관계를 원한다면 고구려 옛 땅인 강동 6주를 내놓아라. 그럼 우리가 그곳에 사는 여진족을 몰아내고 요나라와 외교 관계를 맺겠다."

소손녕은 결국 서희의 말이 옳다고 생각하고 강동 6주의 영토권을 인정하며 철수했습니다.

후삼국 시대 혼란을 수습한 고려 건국

11 위대한 칸의 후손 쿠빌라이
몽골의 정복 전쟁
1268년~1279년

1162년, 남송과 금나라가 서로 대립하고 있을 때 넓은 몽골 초원에서 한 사람의 영웅이 태어납니다. 바로 세계를 제패한 위대한 정복자, **칭기즈 칸**입니다.

"몽골족을 하나로!"

칭기즈 칸은 여러 부족으로 흩어져 있던 몽골족을 하나로 통일해 몽골제국을 세웠습니다. 몽골제국은 몽골 기병을 앞세워 빠른 속도로 세력을 넓혀갔습니다.

"지금까지 우리를 괴롭히던 금나라를 멸망시켜라!"

칭기즈 칸은 몽골족을 노예처럼 괴롭히던 금나라를 정벌하려고 했습니다. 하지만 금나라 정벌을 준비하던 중 세상을 떠났습니다.

"우리의 전략은 변한 게 없다. 칭기즈 칸이 세워놓은 전략대로 하면 된다."

> **칭기즈 칸**
> 본명은 테무친으로 1206년 몽골족을 하나로 통합하고 칸의 자리에 오릅니다. 1227년 죽을 때까지 몽골제국의 기틀을 닦고 영토를 넓히는 데 힘썼습니다. 파괴와 약탈로 여러 나라를 정복했지만 다른 종교와 문화에 관대한 정책을 유지하며 세계사에 큰 영향을 준 인물입니다.

칭기즈 칸이 죽은 후 그 아들인 오고타이 칸이 칭기즈 칸의 전략을 이용해 1234년 금나라를 멸망시켰습니다.

"드디어 원수 같은 금나라가 망했다."

금나라의 멸망을 기뻐한 건 남송도 마찬가지였습니다.

"하지만 몽골족도 경계해야 합니다."

남송은 몽골제국이 금나라를 멸망시킬 때 협력했었습니다. 일부 신하들은 금나라나 몽골제국이나 똑같은 야만족이라며 말렸지만, 금나라에 대한 원한이 컸던 남송은 몽골제국과 손을 잡았습니다.

그 후 몽골제국은 남송과의 약속을 지켜 북쪽으로 되돌아갔습니다.

"기회는 지금입니다. 지금 낙양과 개봉에는 병사가 하나도 없습니다."

몽골이 철수를 하자 화북 지방은 그야말로 주인 없는 땅이 되고 말았습니다.

"하지만 몽골제국과 맺은 약속이 있는데…"

"옛 수도와 땅을 되찾을 수 있는 마지막 기회입니다."

결국 남송은 북으로 올라가 낙양과 개봉을 손에 넣었습니다.

"남송 놈들이 약속을 깼다고?"

몽골제국은 당장 군사를 이끌고 남송을 공격하기 시작했습니다.

금나라를 물리치기 위해 동맹을 맺었던 두 나라는 금나라 땅이었던 화북 지방을 놓고 전쟁을 벌이게 된 것입니다. 몽골제국도 강했지만, 남송 역시 온갖 대비를 한 덕분에 전쟁은 치열했습니다.

몽골제국은 세계 최강의 기병을 가지고 있었지만, 남송은 제대로 된 기병을 갖추지 못했습니다. 대신 남송은 보병 중심이었기 때문에 강과 성을 중심으로 한 방어에 능했습니다. 남송의 뛰어난 방어 능력 덕분에 둘의 싸움은 일진일퇴를 거듭하며 계속되었습니다.

몽골의 우구데이 칸과 몽케 칸은 두 차례에 걸쳐 대규모 남송 정벌을 벌이지만 모두 실패했습니다.

"왜 자꾸 남송 정벌이 실패하는 것이냐?"

"두 가지 조건이 안 좋기 때문입니다."

"두 가지 조건?"

"그렇습니다. 첫 번째는 남송과 금나라의 오랜 전쟁으로 화북이 황폐화됐기 때문입니다. 우리 몽골제국이 남송을 공격하기 위해서는 반드시 화북을 지나가야 합니다."

"그래서?"

"문제는 화북에 몽골 군대를 놓고 남송과 싸워야 하는데 화북에서 가져올 식량과 물자가 적다는 것입니다. 반면에 남송은 100년 이상 하남에서 자리를 잡아 인구와 물자가 풍부합니다."

"그럼 두 번째는?"

"두 번째는 우리 몽골제국은 기병 중심입니다. 반면에 남송은 양쯔 강(양자강), 화이수이 강(회수), 한수이 강(한수)의 3대 강을 중심으로 견고한 요새를 쌓고 방어전을 펼치고 있습니다. 이 방어선을 뚫으려면 성을 무너뜨릴 새로운 전술을 찾아야 합니다."

1259년, 몽골의 새로운 칸이 된 쿠빌라이는 신하의 말에 따라 새로운 전쟁 방식을 택했습니다.

"양양부를 공격하라."

쿠빌라이는 하남 중부에 위치한 남송 최대의 성곽도시 양양부를 공격했습니다.

"양양부야말로 남송 방어선의 중심이다. 만약 양양부만 뚫을 수 있다면 남송은 손쉽게 함락될 것이다."

1268년, 쿠빌라이는 대장으로 아술, 부장으로 남송에서 항복해온 유정을 임명해 양양성과 번성을 공격하게 했습니다.

"양양성을 함락시키기 위해서는 옆에 있는 번성부터 공략해야 합니다."

번성은 양양성보다 작았지만 전략적으로 중요한 성이었습니다.

"공격하라."

"막아라."

몽골군은 여러 가지 방법으로 번성을 공격했지만 번번이 실패했습니다.

1271년, 쿠빌라이는 원나라로 이름을 바꾸고, 양양성 공격에 박차를 가했습니다.

"이번만은 기필코 남송을 정벌하겠다. 지원군을 더 보내라."

몽골은 부대를 더 보내 두 성의 포위망을 좁혀갔습니다.

"5년째 양양성과 번성을 공격했는데 아직도 함락시킬 수 없다니!"

쿠빌라이는 공격이 계속 실패하자 지치기 시작했습니다. 그러나 양양성과 번성의 사정도 다급했습니다.

"식량이 거의 바닥났습니다."

"굶어 죽어도 몽골 놈들에게 성을 내줄 순 없다."

부족한 식량에도 성을 지키는 병사들과 백성은 투지를 불태웠습니다.

"양양성에 구원병을 보내라."

양양의 남송 군대는 구원병으로 온 남송 군대와 짜고 양쪽에서 몽골군을 공격하기로 했습니다.

"뭐라고? 남송 군대가 협공을 계획한다고?"

그러나 남송의 장군 반도가 몽골군에게 이 계획을 알려주며 항복해왔습니다.

"으악! 매복 공격이다."

"몽골군이다."

양양의 남송군은 몽골군의 매복에 걸려 커다란 손실을 입었습니다.

"번성을 함락했다."

1273년, 몽골군은 드디어 번성을 함락시켰습니다. 번성이 함락되자 홀로 남은 양양성도 결국 몽골군에 항복했습니다. 6년간 계속된 양양성과 번성의 방어전은 이렇게 끝이 났습니다.

"남송을 공격하라."

남송 수도 임안을 향해 원정을 떠난 몽골군 28만 명은 1276년에 수도 임안을 함락하고 1279년 남송을 멸망시켰습니다.

쿠빌라이는 남송을 정복한 곳에 원나라를 세워 이민족 최초로 중국 전체를 통일했습니다. 하지만 남송은 몽골이 침입한 1233년부터 멸망한 1279년까지 46년간이나 몽골에 맞서 싸웠습니다. 세계를 정복한 몽골의 칸이 직접 나서서 국가의 흥망을 걸고 벌인 전쟁에서 수십 년이나 나라를 지킨 남송도 결코 약한 나라가 아니었습니다.

전투명 : 양양부 전투
전투시기 : 1268년~1273년

1268년 9월, 10만 명에 달하는 몽골군이 양양부를 포위합니다. 양양부에는 양양성과 번성이 있었습니다. 양양부를 공격하던 몽골군에는 남송 출신의 보병도 많았습니다.

"완전히 포위됐습니다."

"그런데 왜 공격해오지 않지?"

양양성 성주 여문환은 몽골군을 의아한 표정으로 바라봤습니다. 지금까지 몽골군은 포위망도 제대로 구축하지 않고 성을 공격하기 일쑤였기 때문입니다.

"이번 양양성 공격의 핵심은 상대방을 지치게 하는 것이다."

쿠빌라이는 지금까지 몽골군이 진 이유를 분석한 결과, 직접 성을 공격하는 것보다 포위한 채 상대방 스스로 제 풀에 꺾이게 만드는 것이 효과적이라는 걸 알아냈습니다.

"양양성을 구해야 한다."

몽골군의 포위가 길어지자 남송은 지원군을 보내게 되었습니다.

"후퇴하라. 후퇴!"

남송 지원군은 몇 번이고 양양성을 구하기 위해 몽골군과 전투를 벌였지만 번번이 패했습니다.

"몽골군을 물리치지 못하면 양양성과 번성에 식량이라도 보내야 한다."

"와아, 보급 부대가 도착했다."

다행히 남송의 노력이 결실을 맺어 남송 지원군이 포위망을 뚫고 수차례 양양성에 식량과 물자를 공급할 수 있었습니다.

"양양성과 번성에 식량이 들어가면 포위가 쓸모없어진다. 수단과 방법을 가리지 말고 막아라."

쿠빌라이는 다급히 부하들에게 대책을 요구했습니다.

"육지에서 말을 타고 싸우는 우리 몽골은 배를 이용한 싸움에서는 불리합니다. 남송은 강물을 따라 배로 식량을 나르고 있으니 막기 힘듭니다."

"그럼 방법이 없단 말이냐?"

"방법은 있습니다."

몽골군은 양양성을 둘러싸고 강 주변에 목책을 세워서 아예 배가 접근하지 못하게 만들어 버렸습니다. 이 때문에 양양성의 고립은 더 심해졌습니다.

"이대로 한없이 포위만 할 순 없어. 뭔가 획기적인 방법을 찾아야 돼."

쿠빌라이는 고심 끝에 한 가지 기발한 방법을 떠올렸습니다.

"회회포다! 회회포!"

1272년, 쿠빌라이는 양양성 전투에서 새로운 무기인 회회포를 선보입니다.

"쏴라! 성벽을 부서라!"

회회포에서 발사된 기름 폭탄들이 번성과 양양성의 성벽들을 부수며 폭발하기 시작했습니다.

"번성이 무너졌다."

결국 1273년 1월 12일, 회회포의 공격을 받은 번성이 함락되자, 양양성도 몽골의 공격과 회회포의 포격을 견디지 못하고 같은 해 2월 항복했습니다. 양양성과 번성의 포위전은 4년 반 만에 몽골의 승리로 끝이 났습니다.

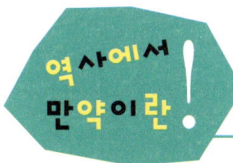 독이 되어 남송으로 되돌아온 화살

"몽골의 사신이 왔습니다."
1232년 12월, 양양에 있는 사숭지에게 몽골 사신이 찾아왔습니다.
"금나라를 공격할 테니 남송이 식량을 지원해주십시오."
사숭지는 이 같은 사실을 남송 조정에 다급히 알렸습니다.
"경들은 들으시오. 몽골이 금나라를 공격한다고 하오. 우리와 같이 공격하자고 하니 어쩌면 좋겠소?"
"금나라는 휘종과 흠종 황제를 잡아가 정강의 변을 일으킨 원수입니다. 몽골과 손을 잡아서 반드시 멸망시켜야 합니다."
"맞습니다. 금나라와 우리는 같은 하늘 아래 있을 수 없는 원수입니다."
남송 대신들은 앞을 다투어 몽골과 동맹을 맺어야 한다고 주장했습니다. 남송 황제도 신하들의 뜻과 같았습니다.
"안 됩니다."
이때 일부 신하들이 반대하며 앞으로 나섰습니다.
"왜 우리 남송과 금나라가 원수가 되었습니까? 거란이 세운 요나라를 멸망시키기 위해 금나라와 손을 잡았다가 이렇게 됐습니다. 지금도 똑같은 상황입니다."
"똑같은 상황이라니?"

"만약 몽골이 금나라를 멸망시키고 우리를 공격하면 어떻게 되겠습니까? 몽골은 이미 40개 나라뿐만 아니라 서쪽의 강대국 서하까지 멸망시켰습니다. 금나라가 망한 후 반드시 우리를 공격할 것입니다."

"지금 그런 걸 따질 때가 아니다. 우리의 원수 금나라를 없애야 한다."

일부 신하들의 반대에도 불구하고 남송은 몽골과 손을 잡았습니다. 그리고 맹공 장군을 파견해 금나라 공격을 지원했습니다. 1234년 1월, 몽골과 남송의 연합군에 의해 마침내 금나라는 멸망했습니다.

하지만 만약 남송이 사사로운 감정에 치우치지 않고 냉정하게 국제관계를 생각했다면 세계를 제패한 몽골을 끌어들여 금나라를 멸망시키는 일은 벌이지 않았을 것입니다. 남송은 북송이 저지른 실수를 되풀이하다 결국은 같은 수법으로 멸망하게 되었습니다.

전쟁 속 무기 이야기 –회회포

1272년, 몽골군이 양양성을 공격할 때 사용한 무기는 투석기의 일종인 회회포라고 합니다. 지렛대 원리를 이용한 이것은 쿠빌라이가 아라비아의 전문가를 초청해 전수받은 신무기였습니다.

흑색화약을 장전한 탄환을 목표물에 날려 폭발시키는 방법으로 쓰였습니다. 우선 무거운 물체를 한쪽에 매달아

놓고 나머지 한 곳에는 탄환을 장전한 후 밑으로 당겼다가 순간적으로 손을 놓습니다. 그럼 낙하회전력에 의해서 탄환을 원하는 위치로 보낼 수 있었습니다. 이런 방법으로 견고한 성벽을 무너뜨리던 회회포는 몽골의 세계 정복을 도운 첨단 무기였습니다.

1095 스콜라철학 융성

1122 신성로마 황제 하인리히 5세와 로마 교황 칼리스투스 2세의 보름스협약

1147~1149 제2차 십자군 원정에서 유럽 연합군이 이슬람군에게 패배

1189 제3차 십자군 원정

1202 제4차 십자군 원정

1212 소년 십자군 출발

1215 영국 왕의 절대 권력을 제한하는 마그나 카르타 제정

1241 독일 여러 도시가 뤼베크를 중심으로 상업상의 목적으로 한자동맹 결성

맞수 대격돌 쿠빌라이 대 아리보거

원나라를 세우고 남송을 멸망시킨 쿠빌라이는 칭기즈 칸의 많은 손자 중 한 명입니다. 쿠빌라이는 군사 행정의 모든 권한을 가진 채 남송 정벌의 책임자가 되었습니다.

"남송을 정벌하려면 제일 먼저 중국을 알아야 한다."

쿠빌라이는 한자를 읽거나 쓰지는 못했지만 중국 문화가 우수하다는 걸 잘 알고 있었습니다.

1257년, 3대 칸인 몽케 칸이 갑자기 죽음을 맞이했습니다. 후계자가 지목되지 않은 상태에서 칸이 죽자 몽골제국은 후계자 문제로 혼란에 빠졌습니다.

그때 몽골 본토의 방어를 맡고 있던 아리보거가 스스로 칸의 자리에 올라 버렸습니다.

"감히 아리보거 따위가 스스로 칸이 됐다고?"

분노한 쿠빌라이도 지지자들을 모아 칸이 되었습니다. 결국 몽골제국은 내분이 일어났습니다.

"쿠빌라이! 넌 몽골제국의 칸이 될 자격이 없다."

전쟁터에서 만난 아리보거가 쿠빌라이에게 따지듯 외쳤습니다.

"왜 자격이 없다는 것이냐?"

쿠빌라이도 지지 않고 아리보거에게 되물었습니다.

"쿠빌라이 넌 위대한 칭기즈 칸의 전통을 어겼다."

"무슨 전통 말이냐?"

"우리 몽골제국은 도시를 정복하면 약탈하고 죽이는 게 원칙이다. 그런데 넌 중국인을 죽이지 않고 약탈하지도 않는 자비를 베풀었다. 넌 우리의 전통을 어겼다."

"우리 몽골제국은 강하다. 하지만 언제까지 다른 나라를 약탈만 할 생각이냐? 이제는 빼앗은 땅을 다스릴 줄 알아야 한다. 군사력으로 나라를 세울 수는 있어도 다스릴 수는 없다."

쿠빌라이는 1264년, 아리보거를 물리치고 몽골제국 칸의 자리에 당당하게 오릅니다. 그리고 정복국가의 백성을 죽이지 않고 이용한 쿠빌라이는 남송을 정벌하고 원나라를 세웁니다.

세계를 정복한 남자, 칭기즈 칸!

테무친은 바이칼 호수 근처에서 태어났습니다. 어렸을 때 아버지가 타타르 부족에게 독살당하고 가난하게 지냈습니다.

케레이트 부족의 완칸 밑에서 점차 세력을 키우다 1189년, 몽골씨족연합의 족장에 올랐습니다. 이때부터 바다라는 뜻이 담긴 '칭기즈 칸'이란 칭호를 사용하게 되었습니다.

1201년, 자다란 부족의 자무카를 격파하고, 타타르와 케레이트를 토벌하였으며, 서방의 알타이 방면을 근거지로 하는 나이만 부족을 격멸하고 몽골을 통일시켰습니다.

칭기즈 칸은 몽골제국의 칸에 오르면서 씨족적 공동체를 해체하고, 군사조직에 바탕을 둔 '천호'라는 유목민 집단을 95개 편성했습니다. 만호장-천호장-백호장으로 이어지는 군사체제를 만들었습니다.

군사체제를 재정비한 칭기즈 칸은 본격적으로 정벌 활동을 시작했습니다.

1207년 서하를 점령하고, 1215년 금나라를 침공하여 수도인 중도(지금의 베이징)에 입성했습니다.

1219년, 서아시아 이슬람제국 호레즘국과 교역하려고 파견한 사절단이 살해되자, 이것을 계기로 호레즘국을 멸망시켰습니다.

칭기즈 칸은 1221년 무하마드의 아들 잘랄웃딘과 인더스 강변에서 싸워 크게 이겼고, 1223년에는 러시아를 정벌했습니다. 1227년, 칭기즈 칸이 죽은 후 몽골은 지금까지 아무도 만들지 못한 대제국을 만들게 되었습니다.

12 몽골을 막아라! 고려의 대몽 항쟁

1231년~1270년

"금나라 패잔병들이 서북 지방을 약탈하고 있습니다."

고려는 평양 동쪽 강동성을 차지한 채 주변을 약탈하고 있는 금나라 때문에 골치를 앓고 있었습니다.

"저기 못 보던 군대가 나타났습니다."

국경을 지키던 고려 병사의 눈에 띈 기병대는 한 번도 본 적이 없는 특이한 차림새였습니다.

"누구냐?"

"우리는 몽골제국의 병사다."

몽골군은 거란을 뒤쫓아 고려 땅까지 들어왔습니다.

"힘을 합쳐 물리칩시다."

몰려온 거란인 때문에 골치가 아팠던 고려는 몽골과 손을 잡고 거란족을 물리쳤습니다. 그런데 싸움이 끝나자 몽골군은 입장을 싹 바꿔 버렸습니다.

"고려는 들거라. 우리는 몽골제국의 군사들이다. 너희 고려는 앞으로 우리에게 공물을 바쳐야 한다."

"뭐라고? 공물?"

몽골은 고려에게 매년 공물을 요구했습니다. 고려 입장에서는 들어줄 수 없는 무리한 요구였습니다. 그러자 몽골에서는 다시 사신을 고려로 보냈습니다.

"고려가 감히 몽골제국의 사신을 죽였다!"

1221년 8월, 몽골 사신은 돌아가던 길에 도적떼에게 살해당했습니다. 그러자 몽골은 사신의 죽음을 고려 탓으로 돌리며 생트집을 잡아 1231년에 처음으로 쳐들어 왔습니다. 몽골은 만주와 하북 지방을 점령하고, 더 나아가 남송과 일본까지 차지하기 위해 고려를 정벌했습니다.

"몽골군이 쳐들어옵니다."

"아직 몽골을 상대할 힘이 없습니다. 무조건 화해해야 합니다."

몽골군이 고려군의 저항을 뚫고 개경까지 들어오자 고려는 협상을 요청했습니다.

"앞으로 고려의 모든 일은 다루가치가 관장할 것이다."

몽골은 몽골인 감독관인 다루가치를 서북면에 두고 철수했습니다.

"몽골 놈들에게 계속 당하다가는 무신 정권이 무너진다."

1232년, 무신 정권의 실세 최우는 몽골과 싸울 것을 결심하고 수도를 강화도로 옮겼습니다. 말을 타고 육지에서만 싸워 바다를 두려워하는 몽골군의 약점을 이용한 것입니다.

"최우! 이번에는 용서하지 않겠다."

몽골은 두 번째 침입을 강행했습니다.

"이쪽이 개경으로 가는 지름길입니다."

몽골은 고려의 배신자 홍복원을 길잡이로 써서 왕이 떠난 개경을 지나 한강 이남까지 들어왔습니다. 고려 왕 고종과 최우가 강화도로 들어갔기 때문에 고려는 몽골군을 조직적으로 막을 수 없었습니다.

"고려 전체를 불바다로 만들면 고려 왕이 강화도에서 기어 나올 것이다."

몽골군 총사령관 살리타이는 이번 기회에 고려를 끝장내려고 작정했습니다.

"이곳은 어디냐?"

"처인성 근처입니다."

"시간이 없다. 어서 움직여라."

살리타이는 홍복원의 안내를 받아 처인성을 지나가려 했습니다.

"공격하라."

"몽골군을 물리쳐라."

그런데 살리타이가 무시하고 지나가려고 했던 처인성에서 김윤후가 이끄는 고려군과 백성이 일제히 공격해왔습니다.

대몽 항쟁 시기 강화도

"고려군 잔당이다."

살리타이는 김윤후의 군대 병력이 얼마 없다는 걸 알고 무시했습니다.

"크억!"

그 순간 김윤후가 쏜 화살이 살리타이의 가슴에 박혔습니다.

"총사령관님이 화살에 맞으셨다. 몽골군은 모두 후퇴하라."

몽골군은 그 후에도 약 30년간 전후 7차례에 걸쳐 끊임없이 고려를 침입했습니다. 그러나 고려는 강화도에서 대항을 계속했습니다. 하지만 왕이 강화도에만 있었기 때문에 고려 본토는 제대로 지킬 수 없었습니다. 백성은 가혹한 세금과 몽골의 계속된 침입에 고통이 점점 커졌습니다.

"몽골과 협상해야 합니다."

강화도에서도 협상을 원하는 소리가 커지기 시작했습니다. 당시 무신 정권은 몽골과의 오랜 전쟁으로 경제적 어려움을 겪고 있었습니다. 그러자 신하들은 무신 정권에 등을 돌리기 시작했습니다.

최우의 아들 최항은 집권 8년 만에 병들어 죽고, 그 뒤를 최의가 이었습니다. 급기야 1258년, 무신 유경과 김준이 무신 정권의 실세 최의를 살해했습니다.

"최의가 죽었다."

"이제 왕께서 직접 고려를 다스려야 합니다."

최의가 죽자 권력은 왕에게 돌아갔습니다. 다음해인 1259년, 태자 전이 몽골에 가서 항복의 뜻을 전했습니다.

"고려는 몽골과 평화를 원합니다."

고려는 항복의 뜻으로 강화도 주변 성곽들을 파괴했습니다. 이때 고려에게 뜻밖의 행운이 찾아왔습니다. 고려 태자가 몽골의 몽케 칸이 죽은 직후 아우 쿠빌라이를 만나 강화를 성립시킨 것입니다.

"고려가 이 쿠빌라이에게 직접 항복했다."

황제 계승권을 놓고 형제간에 싸우고 있던 쿠빌라이는 고려가 협상을 청하자 너무나 기뻤습니다. 황제계승 전쟁에서도 확실하게 우위에 설 수 있다고 생각했기 때문입니다. 그리고 실제로 쿠빌라이는 황제가 되었습니다.

쿠빌라이는 고려가 제시한 고려 왕국의 유지와 몽골군의 즉각적인 철수 등 여섯 개의 조항을 모두 들어주었습니다. 몽골은 기본적으로 정벌한 국가는 파괴하거나 나라 자체를 없애는 게 원칙이었지만, 고려 태자와 쿠빌라이의 협정 때문에 고려만은 계속 나라를 유지할 수 있게 해주었습니다.

"우리는 절대 몽골에 굴복할 수 없다."

고려와 몽골이 전쟁을 끝냈지만 강화도에서 몽골과 싸운 삼별초만은 그 사실을 인정하지 않았습니다. 삼별초는 고려와 몽골의 연합군과 싸우며 끝까지 저항을 하다 1273년에 모두 진압되었습니다.

고려의 대몽 항쟁은 비록 몽골에게 항복하며 끝이 났지만 농민과 천민이 힘을 합쳐 끝까지 침략자에게 맞섰다는 점에 의의가 있습니다. 더구나 몽골은 고려 왕조를 인정하며 완전한 속국으로 삼지 않았습니다. 그것은 그만큼 고려인들의 저항의식이 강했기 때문입니다. 또한 대몽 항쟁은 저항의 상징인 팔만대장경을 문화유산으로 남겼습니다.

전투명 : 충주성 전투
전투시기 : 1253년

용인 처인성에서 몽골 총사령관 살리타이를 화살로 쏘아 죽인 김윤후는 원래 승려였습니다.

"몽골군이 다시 침입했습니다."

1253년, 몽골군은 5차 침입을 해왔습니다. 이때 김윤후는 충주성의 방호별감으로 근무하고 있었습니다.

"충주성으로 몽골군이 몰려옵니다."

김윤후는 부하의 보고를 받고 전쟁을 준비했습니다. 충주성은 한반도 남쪽으로 내려가는 길목에 위치한 중요한 성이었습니다.

"이곳이 뚫리면 남부 지방이 쑥대밭이 된다."

김윤후의 말대로 충주성이 무너지면 전라도, 충청도, 경상도는 몽골군의 지휘 아래 놓이게 되는 것이었습니다.

"저기가 충주성이다."

몽골제국의 장수 야굴은 대동강을 건너 동주, 춘주, 양근, 양주 등지를 약탈하고 충주성을 포위했습니다. 야굴에게 충주성은 바람만 불어도 무너질 것 같은 곳이었습니다.

"오늘 밤까지 충주성을 함락시켜라!"

야굴의 명령에 따라 몽골군은 충주성을 공격했습니다.

"단 한 명의 몽골군도 성안으로 못 들어오게 막아라."

김윤후는 병사들에게 외쳤습니다.

"몽골군을 막아라. 우리 부모를 죽인 원수다."

충주성 병사들은 있는 힘을 다해 몽골군을 막았습니다.

"왜 충주성 하나를 함락시키지 못하느냐?"

야굴은 시간이 갈수록 더 거세지는 저항에 놀랐습니다. 충주성은 몽골군에게 포위된 채 무려 70일이나 버텼기 때문입니다.

"식량이 떨어졌습니다."

충주성 안에 식량이 떨어지자 군사와 백성의 사기도 급속도로 떨어졌습니다.

"배고파…!"

김윤후는 배고픔에 괴로워하는 사람들을 바라보며 더 이상 전쟁을 할 수 없다고 생각했습니다. 그렇다고 충주성을 몽골군에게 내줄 수도 없었습니다.

"모두 들어라. 싸움에서 승리하면 평민에게는 벼슬을 내리고, 노비에게는 자유를 줄 것이다."

그리고는 사람들 앞에서 노비 문서를 직접 태워 버렸습니다. 또한 몽골군에게 빼앗은 소와 말들을 나누어주었습니다.

"와아! 김윤후 장군 만세!"

"몽골군을 물리치자!"

사기가 오른 충주성 사람들은 힘을 다해 몽골군을 막았습니다.

"안 되겠다. 후퇴하라, 후퇴!"

결국 야굴은 후퇴 명령을 내렸습니다. 그 공으로 김윤후는 감문위상장군이 되었고 충주는 국원경으로 승격되었습니다. 이로써 몽골 5차 침입은 충주성 전투를 계기로 끝이 났습니다.

 불협화음으로 끝난 일본 정벌

"갑작스럽게 일본 정벌이라니?"

1270년, 우여곡절 끝에 개경으로 돌아온 고려 왕실은 원나라의 일본 정벌 소식에 난감해졌습니다.

"일본은 우리 원나라에 조공도 안 보내면서 남송과 계속 무역을 하고 있다."

원나라는 이런 이유를 내세웠지만 본심은 고려에게 재정적 부담을 지워 자신들에 대한 저항력을 없애려는 것과 고려와 일본의 교류를 막으려는 것이었습니다.

"하지만 원나라의 요구를 거부할 수 없다."

고려는 원나라의 속셈을 뻔히 알았지만 막을 수 없었습니다.

"출발하라."

1274년, 여몽 연합군이 제1차 원정을 떠났습니다. 원나라 총사령관은 홀돈이었고, 고려는 김방경 장군을 보냈습니다. 원나라군은 2만, 고려군은 5천이었습니다.

1차 원정군은 대마도를 점령하고, 큐슈에 상륙했습니다.

"일본군이 얼마나 강한지 모르니 고려군을 먼저 내보내라."

홀돈은 비겁하게 고려군을 앞세웠습니다.

"으악! 고려군이다."

김방경 장군이 이끄는 고려군은 무방비로 있던 일본군을 공격해서 큰 공을 세웠습니다.

"이러다가는 모든 공이 고려군에게 넘어가겠다."

질투를 느낀 홀돈은 고려군을 철수시켰습니다.

"지금 일본 내륙으로 진격해야 합니다. 배에 계속 머물고 있으면 태풍이 올지도 모릅니다."

"닥쳐라. 총사령관은 나다. 넌 내 명령만 따라라."

홀돈은 김방경 장군의 말을 무시했지만, 곧 태풍이 몰아닥쳤습니다.

"태, 태풍이다! 배가 침몰한다."

때마침 들이닥친 태풍으로 연합군은 많은 함선과 병사를 잃고, 막대한 피해를 입었습니다. 1차 원정군은 결국 고려로 돌아왔습니다.

"2차 원정군을 준비하라."

원나라는 일본 원정을 포기하지 않았습니다. 2차 일본 원정은 1차 때보다 그 규모가 더 커졌습니다. 총 병력 4만에 함선만 900척이 넘었습니다. 더구나 강남군 10만 명도 같이 참가했습니다. 강남군은 원나라에 의해 멸망한 남송 병사였습니다.

"이번만은 기필코 성공하겠다."

1차 때와 같이 총사령관은 홀돈, 고려군은 김방경 장군이 맡았습니다.

"뭐라고? 출발이 연기됐다고?"

강남군의 합류가 늦어지면서 2차 원정군은 출발부터 삐걱거렸습니다.

"배에 불을 질러라."

단단히 준비하고 있던 일본군은 여몽 연합군의 배가 보이자마자 공격을 퍼부었습니다. 게다가 함선끼리 연락도 닿지 않아 우왕좌왕할 때 우려했던 일이 터졌습니다. 다시 태풍이 몰아친 것입니다.

"철수하라!"

결국 2차 원정도 태풍 때문에 막대한 피해를 입고 실패했습니다. 만약 이때 일본 정벌이 성공했다면 일본도 몽골의 지배를 받게 되어 아시아 역사가 뒤바뀌었을지도 모릅니다.

 ## 전쟁 속 무기 이야기 −합성궁

우리나라에서 출토된 최초의 활과 관련된 유물은 고구려 것으로 추정되는 뼈로 만든 활채입니다. 몽골 같은 이민족들과 싸움이 잦았던 고려 시대에는 점점 기술이 발달해 동물의 뿔로 만든 합성궁을 무기로 사용했습니다.

합성궁은 동물 뼈, 가죽, 나무 같은 여러 재료를 조합해서 활채의 탄성을 최대한으로 늘릴 수 있는 굽은 형태로 만들었습니다. 또한 말 위에서도 들고 쏠 수 있을 정도로 작았지만 최대 사정거리는 400m나 됐습니다. 우리나라는 대대로 맥궁이라 불리는 합성궁을 사용하며 조선 시대까지 각종 전쟁터에서 활약했습니다.

 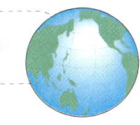

1245 교황 플라노 카르피니의 몽골 사절 파견
1248 제6차 십자군 원정
1273~1291 루돌프 1세 즉위로 합스부르크왕가 시작
1274 스콜라 철학자 토마스 아퀴나스 사망

맞수 대격돌 배중손 대 김방경

삼별초는 무신 정권을 보호하기 위해 만들어졌습니다. 고려가 몽골에 항복했을 때 삼별초를 이끌던 배중손은 끝까지 몽골과 싸우기로 결심했습니다. 배중손은 진도로 내려가 반몽 정부를 세웠습니다.

1271년 5월, 상장군 김방경과 흔도가 지휘하는 여몽 연합군은 진도를 공격했습니다.

"김방경 네 이놈! 고려 장군이 어찌 삼별초를 공격할 수 있단 말이냐?"

배중손은 김방경을 향해 소리쳤습니다.

"배중손 장군, 이미 고려는 몽골에 졌소. 이제 그만하고 항복하시오."

"닥쳐라. 몽골은 30년 동안 고려를 짓밟은 짐승 같은 놈들이다. 어떻게 그런 놈들에게 항복할 수 있단 말이냐! 난 죽어도 못한다."

김방경은 배중손의 마음을 잘 알기에 더욱더 가슴이 아팠습니다.

"배중손 장군! 잘 들으시오. 30년간 계속된 전쟁으로 많은 백성이 죽었소. 이제 고려는 평화가 필요하오."

"난 굴욕적인 평화 따위는 필요 없다. 김방경 당신도 고려의 장군이라면 나와 같이 싸우자."

"당신의 그런 고집 때문에 고려가 몽골에 진 것이오."

"그게 무슨 말이냐?"

"삼별초는 무신 정권을 위해 만들어졌소. 무신 정권은 몽골이 침입했을 때 어떻게 했소? 강화도에 틀어 박혀 몽골과의 싸움을 피했소."

김방경의 말에 배중손은 아무 반론도 제시할 수 없었습니다.

"그때 당신이 그들을 설득해 몽골과 싸웠다면 지금과 같은 일은 벌어지지 않았을 것이오."

"그 말이 맞다. 내가 충성을 바친 무신 정권은 자신의 안위를 위해 백성을 버렸다. 하지만 난 고려의 장군이다. 고려가 몽골에 항복했는데 고려의 장군 한 명쯤은 끝까지 싸우다 죽어야 하지 않겠느냐!"

배중손은 이 말을 끝으로 공격 명령을 내렸습니다. 결국 삼별초가 세운 진도 정권은 9개월 만에 여몽 연합군에 의해 함락당하고, 배중손 장군은 이날 남도석성에서 전사하고 말았습니다.

고려의 암흑기를 부른 무신의 난

고려는 묘청의 난 이후 무신을 무시하는 풍조가 생겨났습니다. 게다가 고려 의종은 정치는 하지 않고 매일 문신들과 모여 연회만 벌이기 일쑤였습니다.

김돈중은 아버지 김부식의 권세를 믿고 견룡대정 정중부의 수염을 촛불로 태웠으며, 의종의 보현원행차 때 대장군 이소응은 젊은 문신 한뢰에게 뺨을 맞는 등 모욕적인 일이 자주 발생했습니다.

이에 분노한 정중부는 이의방, 이고 등과 함께 문신들을 살해하고 의종을 폐하여 거제도로 귀양 보냈습니다. 태자도 진도로 귀양 보내고, 의종의 동생이던 명종을 왕으로 추대했습니다.

1170년 정중부는 무신 독재 정권을 만들었지만, 1179년 무신 간의 다툼에서 경대승에게 살해당했습니다. 경대승은 1183년 병들어 죽었습니다.

이후 천민 출신 이의민이 집권했다가, 1196년 최충헌 형제에게 살해당했습니다.

최충헌에 이어 최우, 최항, 최의가 대를 이어 집권했습니다.

무신들이 왕을 죽이고 권력을 차지하며 백성을 수탈하자 망이·망소의 난, 만적의 난 같은 사회 혼란이 일어났습니다.

무신 정권은 몽골의 침략을 받고 강화도까지 가서 싸우지만 결국 몽골에게 항복하면서 90년간 이어지던 무신 정권은 끝이 났습니다.

13 한중일의 첫 격돌
임진왜란
1592년~1598년

    1368년, 원나라가 망하고 한인들이 세운 명나라가 들어서자 중국은 혼란한 시기가 정리되면서 다시 평화가 찾아왔습니다. 한반도에는 고려에 이어 조선이 1392년에 건국되었습니다.

    "일본이 통일됐습니다."

    조선 건국 후 200년 가까이 이어지던 평화 시대는 1590년 도요토미 히데요시에 의해 일본이 통일되면서 깨지게 되었습니다. 그리곤 전쟁의 기운이 세 나라를 감싸기 시작했습니다.

    "일본이 조선을 쳐들어올 일은 없다!"

    그러나 오랜 평화에 젖어 있던 조선은 이런 분위기를 눈치채지 못했습니다.

    반면, 도요토미 히데요시는 오랜 전국 시대를 끝냈지만 일본 내의 불신 세력들 탓에 확고한 위치를 잡지 못했습니다. 그러자 내부 세력의 관심을 외부로 돌리려고 전쟁을 계획했습니다. 1591년, 조선에 사신을 보내 자신의 뜻을 전했습니다.

"명나라로 가게 길을 비켜주시오."

"지금 조선을 공격하겠다는 것이냐?"

조선은 당연히 일본의 제안을 거절했습니다.

"안 되겠다. 일본의 사정을 정확히 알아 보거라."

불안감을 느낀 조선은 1591년 3월, 통신사를 보내 일본의 실정을 살폈습니다.

"일본은 반드시 조선을 쳐들어옵니다."

"아닙니다. 일본은 전쟁을 할 생각이 없습니다."

각각 사찰을 나갔던 황윤길과 김성일은 상반된 주장을 펼쳤습니다. 결국 김성일의 의견에 따라 조선은 전쟁 준비를 소홀히 했습니다.

"부산에 일본군이 쳐들어왔습니다."

1592년 4월 14일, 일본은 15만 명의 군대를 이끌고 조선을 침입했습니다.

"일본군을 막아라!"

이날 부산진성과 동래성이 함락되었습니다.

"경상도가 일본에 넘어갔다고?!"

1592년 4월 24일, 순변사 이일이 상주에서 일본군에게 패하자 경상도 지방은 10일 만에 일본군에게 넘어갔습니다.

"신립 장군을 불러라!"

조선 선조는 다급히 신립 장군에게 일본군을 막도록 했습니다. 신립 장군은 북방에서 여진족을 막아낸 명장이었습니다.

"탄금대에 군사를 배치해라."

"안 됩니다. 탄금대는 평지라 일본의 신무기인 조총에 당할 수가 있습니다. 험준한 충주 새재에서 일본군을 막아야 합니다."

"우리는 기병 중심이다. 넓은 평지가 더 낫다."

그러나 4월 28일, 신립이 충주의 탄금대에서 일본군에게 패하고 전사했습니다.

"전하! 일본군이 한양까지 올라오고 있습니다. 어서 몸을 피해야 합니다."

일본군이 물밀듯이 한양을 향해 올라오자 선조는 한양을 버리고 북쪽으로 피신했습니다.

"한양을 점령했다!"

5월 2일, 일본군은 부산에 상륙한 지 20일 만에 한양도 점령했습니다. 전국 시대를 걸치면서 숱한 싸움을 겪었던 일본군은 전쟁 경험이 풍부하며 훈련도 잘되어 있었습니다. 반면, 조선군은 오랜 평화기 때문에 무기도 부족했고, 실전 경험도 없었습니다. 어떻게 보면 일본군의 승승장구가 당연할 정도였습니다. 이제 조선이 망하는 건 시간문제처럼 보였습니다.

"당포에서 이순신이 일본 수군을 이겼다고 합니다."

일본군을 피해 의주까지 도망친 선조에게 뜻밖의 희소식이 전해졌습니다.

"함포를 쏴라!"

"돌격하라!"

이순신 장군이 이끄는 조선 수군은 압도적인 화력과 탁월한 전술을 앞세워 5월 사천 해전, 6월 당포 해전, 7월 한산도대첩에서 크게 승리했습니다.

"이순신 장군에게 당했습니다."

"한양에 있는 부대에게 식량을 보내야 하는데…."

이순신 장군이 남해를 장악하자, 바다를 통해 식량을 공급하려던 일본의 계획은 물거품이 되었습니다. 게다가 조선 팔도에서 의병이 일어나 일본군을 공격하기 시작했습니다.

"명나라에 구원병을 청해야 한다."

의주로 도망친 선조는 명나라에게 사신을 보냈습니다.

"조선은 먼 나라입니다. 구원병을 보내면 안 됩니다."

"그건 하나만 알고 둘은 모르는 소리요. 일본은 분명 우리 명나라를 점령한다며 조선을 공격했소. 조선이 무너지면 다음은 우리 차례요."

명나라는 병부상서 석성의 주장을 받아들여 구원병을 조선에 보냈습니다. 1593년 1월, 이여송이 이끄는 4만여 명나라군은 조선군과 합세하여 평양을 되찾고, 일본군을 한양으로 쫓아 버렸습니다.

"가토 부대가 행주산성에서 권율에게 당했다."

권율 장군은 행주대첩이라 불리는 싸움에서 일본군에게 대승을 거두었습니다.

일본군은 계속되는 패전에 혼란에 빠지게 되었고, 이때 명나라가 일본에게 협상

행주대첩
1593년 2월, 권율은 병력을 나누어 이끌고 한강을 건너 행주산성에 주둔하며 3천 명의 적은 병력으로 3만 대군의 일본군과 싸움을 펼칩니다. 일본군은 9차례에 걸쳐 맹공격을 퍼부었지만, 권율은 갖은 방법을 동원해 맞섰고 부녀자들도 합세해 바위나 화살, 끓는 물 따위를 던지며 격렬하게 저항했습니다. 그 결과 일본군은 1만 명 이상의 사상자를 내고 도망치게 됩니다.

을 제시했습니다.

"식량 구하기가 힘든 한양은 위험하다. 일단 부산에서 가까운 남쪽 지방으로 내려가자."

일본군은 협상을 핑계로 병력을 한양에서 철수시켰습니다. 1593년 8월에 시작된 협상은 3년여에 걸쳐 지루하게 진행되었지만, 처음부터 각자 다른 생각을 품고 있던 협상은 결국 결렬되었습니다.

"이런 협상은 이제 집어치워라! 남은 건 전쟁뿐이다!"

1597년, 남해안에 주둔해 있던 일본군은 다시 전쟁을 시작했습니다.

"이놈들! 기다리고 있었다."

협상하는 3년 동안 조선은 철저히 대비하고 있었습니다. 명나라도 즉시 출동했습니다.

"우리가 지내고 있는 남쪽 땅을 우리 것으로 만들어야 한다."

그러나 일본군은 번번이 실패했습니다. 급기야 1597년 12월 말부터 1598년 1월 초에 걸친 조선과 명나라의 울산왜성 합동 공격으로 극심한 식량난에 처했습니다.

"도요토미 히데요시님이 돌아가셨다."

위기에 빠진 일본군에게 청천벽력 같은 소식이 들려왔습니다.

"조선군 몰래 일본으로 돌아가야 한다."

일본군은 다급히 일본으로 철수를 시작하지만 노량 해협에서 기다리던 이순신 장군에게 격파당합니다. 하지만 노량해전이라고 이름 붙여진 이 전투에서 이순신 장군은 격렬히 싸우다 전사했습니다. 일본군은 노량해전에서 졌지만 일본 철수에는 성공함으로써 7년간 이어지던 임진왜란은 막을 내리게 되었습니다.

임진왜란의 결과, 전쟁에 참여했던 세 나라는 엄청난 변화를 겪게 되었습니다. 우선 조선은 국토가 황폐화되고, 많은 귀중한 문화재들이 불타 사라졌습니다. 궁핍

한 삶 때문에 민란도 자주 일어났습니다. 일본에 대한 적개심은 높아진 반면 명나라에 대한 사대사상은 더욱 굳어지게 되었습니다.

명나라는 임진왜란에 구원병을 보낸 후유증으로 국력이 약화되고 만주에서 생긴 청나라에게 나라를 빼앗겼습니다. 일본은 도쿠가와 이에야스가 정권을 잡고, 선진 문명을 받아들여 문화적, 경제적으로 급속히 발전했습니다. 또한 도자기 전쟁이라는 별칭이 붙을 정도로, 조선에서 데려간 도공들 덕분에 일본 도자기 기술도 발달하게 되었습니다.

전투명 : 한산도대첩
전투시기 : 1592년

"이순신 이놈! 이번에는 용서하지 않겠다."

일본 수군은 사천, 당포, 당항포, 율포에서 힘 한 번 못 쓰고 패배하자 복수의 칼을 갈고 있었습니다.

"복수도 복수지만 이대로 가다간 바다를 이순신에게 잃게 된다."

1592년, 일본은 해전의 패배를 만회하고 바다를 다시 장악하기 위해서 와키사카 야스하루의 제1진 70척, 구키 요시타카의 제2진 40척 등을 속속 조선에 보냈습니다.

"일본 함선들이 모이고 있습니다."

이순신 장군은 부하의 보고를 받고 걱정이 깊어졌습니다.

'이번 한산도에서 전쟁의 승패가 좌우될 것이다.'

이순신 장군의 생각대로 임진왜란의 전체 승패가 달린 중요한 전투였습니다.

"이억기 장군이 도착했습니다."

"오! 드디어 이억기 장군이 도착했구나."

7월 6일, 전라우수사 이억기 장군이 함선을 합류했습니다.

"출진하라!"

이순신 장군은 이억기 장군 함선까지 합쳐서 총 49척을 거느리고 출진했습니다. 그리고 노량에서 경상우수사 원균 장군의 함선 7척까지 함께했습니다.

7월 7일 저녁, 조선 함대는 당포에 도착해 정박했습니다.

"와키사카 야스하루의 함대 70척이 견내량에 들어섰다고 합니다."

견내량은 지금의 거제도와 통영만 사이에 있는 길이 약 4km의 수로로서, 넓은 곳도 600m를 넘지 않는 좁은 해협이었습니다. 또한 암초가 많아 조선의 전투함인 판옥선이 움직이기에는 위험한 곳이었습니다.

"어떤 작전을 쓰시겠습니까?"

이억기 장군의 물음에 이순신 장군은 생각에 잠겼습니다.

"유인 작전을 쓸 것이오."

이순신 장군은 먼저 적은 수의 판옥선을 한산도 앞바다로 보내 일본 함대를 유인했습니다.

"이순신의 함대가 견내량으로 들어왔습니다."

"숫자는?"

"13척 정도입니다."

"겨우 13척! 이순신 이놈이 나를 얕잡아 봤구나. 이 와키사카가 얼마나 무서운지 보여주마. 돌격하라!"

진격 북소리가 울리고 와키사카 야스하루의 함대는 견내량 안에 들어온 이순신 함대를 추격하기 시작했습니다.

"와키사카 함대가 미끼를 물고 견내량에서 나왔습니다."

이순신 장군은 대장선에 서서 와키사카 함대를 바라봤습니다.

"지금이다! 학익진을 펼쳐라!"

이순신 장군의 명령이 떨어지자 조선 함대는 일제히 학이 날개를 펼친 것처럼 진영을 짜 일본 함대를 감쌌습니다.

"저게 무엇이냐?"

그 모습에 와키사카는 놀라 소리쳤습니다.

"발사하라!"

이순신 장군의 명령이 떨어지자 조선 함대는 일제히 사격을 시작했습니다.

"배가 침몰한다!"

와키사카 함대는 삽시간에 불에 타 침몰하기 시작했습니다.

"포위망을 뚫어라."

와키사카 함대는 필사적으로 학익진을 뚫고 도망쳤지만 이날 한산도에서 벌어진 전투로 일본 함선 66척이 격파당했습니다.

이순신 장군이 거둔 한산도대첩은 일본의 수륙병진 작전을 깨뜨렸다는 데 큰 의의가 있습니다. 수륙병진이란 일본 육군이 한양을 점령하는 동안, 일본 수군은 서해 바다를 지나 한강을 통해 식량을 일본 육군에게 공급하는 작전이었습니다. 이순신 장군이 한산도대첩 이후 바다를 지배함으로써 도요토미 히데요시의 야욕은 사실상 깨진 것과 다름없었습니다.

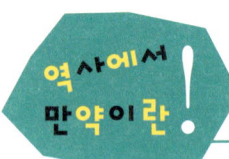 *원균이 용서를 구합니다!*

　불멸의 정신 이순신 장군에게!

　내 젊은 날 철없이 이순신 장군을 모함했던 일들에 대해 용서를 구합니다. 어리석게도 임진왜란 당시 일본군의 계략에 놀아났던 제 모습을 뼈에 사무치도록 후회합니다.

　당시 일본에서는 요시라라는 간첩을 보내 경상우병사 김응서에게 한 가지 정보를 흘렸습니다.

　"일본군 총사령관 가토 기요마사가 남해안 어느 섬에 머물고 있습니다."

　이 소식은 바로 선조의 귀에 들어갔고 이순신 장군께 그를 잡아오라는 명령을 내리셨죠. 그때 고민하던 이순신 장군은 이렇게 말했습니다.

　"첩자의 말만 믿고 함대를 출동시킬 순 없습니다."

　이순신 장군은 일본의 계략임을 알아채고 함대를 출동시키지 않았습니다. 그 사건으로 삼도수군통제사에서 쫓겨나고 감옥에 갇혀 고문까지 당했는데 말이죠.

　당시 이순신 장군 대신 삼도수군통제사를 맡게 된 저는 자신만만함에 엄청난 일을 저지르고 맙니다.

　"이순신 장군이 못한 걸 내가 끝내겠다."

　칠천량 해전에서 조선 함대를 이끌고 일본군과 싸움을 벌였던 전 참패를 당합니다. 이 해전의 패배로 이순신 장군이 심혈을 기울여 키운 판옥선 대부분을 잃고, 겨우 12척만이 남게 되지요. 반면, 일본군은 기세등등하게 함대를 몰고 서해안을 향해 나아갔습니다.

"다시 이순신에게 삼도수군통제사를 맡겨라."

사태가 점점 심각해지자 이순신 장군은 다시 수군을 맡게 되셨습니다.

"장군님. 포기해야 합니다. 12척의 배로는 절대 이길 수 없습니다. 조정에서는 수군을 없애고 육군과 함께 싸우라고 할 정도입니다."

"명량에서 승부를 보겠다."

그렇습니다. 불굴의 의지를 가진 이순신 장군은 명량 해협에서 13척의 함선으로 133척의 함선을 가진 일본과 맞서기로 결정하신 것입니다.

"명량 해협은 폭이 좁아서 물살이 세다. 물살이 바뀔 때까지만 버티면 우리가 반드시 이긴다."

"물살이 바뀌었다."

"으악! 배끼리 충돌한다."

이순신 장군은 죽을힘을 다해 싸우셨다 들었습니다. 그리고 장군의 말대로 물살이 바뀌면서 빨라지자 일본군 배들은 서로 뒤엉켜 부딪쳐 깨지기 시작했죠. 혼란에 빠진 일본군을 향해 13척의 배는 돌진했고, 이 싸움은 이순신 장군의 승리로 끝이 났습니다.

만약 이 명량해전에서 이순신 장군이 기적 같은 승리를 하지 못했다면 전라도 지역을 포함한 남쪽 지방은 완전히 일본군 손아귀에 들어갔을 것이고, 어쩌면 임진왜란도 일본이 승리했을지 모릅니다. 한때 제가 흩트려놓았던 조선 수군을 다시 재정비하여 명량해전을 승리로 이끈 이순신 장군님께 다시 한 번 용서를 구하는 바입니다.

 전쟁 속 무기 이야기 —조총, 천자총통, 신기전, 거북선

　임진왜란에서는 이전의 전쟁에서 볼 수 없었던 신무기들이 많이 등장합니다. 화약을 이용한 화약병기들이 그 중심을 이루었습니다.

　'하늘을 나는 새도 떨어뜨린다' 라는 의미가 담긴 조총도 포르투갈 상인에 의해 일본에 전해집니다. 한발을 쏜 후 다시 총알을 장전하기까지 시간이 많이 걸려 처음에는 잘 쓰이지 않았습니다. 그러나 오다 노부나가가 조총을 3부대로 나누어 번갈아 발사하는 전술을 개발하면서 널리 쓰이게 되었습니다. 임진왜란 당시 일본의 주요 무기였습니다.

　일본이 조총을 사용했다면, 조선은 대포격인 천자총통으로 맞섰습니다. 크기와 사정거리에 따라 천(天)·지(地)·현(玄)·황(黃)으로 구별했는데, 천자총통은 이 가운데 가장 크고 제일 먼 거리까지 발사되었습니다.

　또한 임진왜란에서 큰 활약을 한 신기전은 세종 30년인 1448년에 만들어진 로켓

추진 화살입니다. 세계 최초로 발명된 다연장 로켓병기로, 화차에 화약이 달린 화살 신기전을 넣고 발사하는 원리였습니다.

　신기전과 함께 이순신이 만든 거북선도 임진왜란에서 큰 공을 세웠습니다. 조선의 주력함인 판옥선에 판자를 덮어 적들이 배 위로 올라오지 못하게 만들었습니다. 사천해전에 첫 출전한 후 일본군에게 공포의 대상이 되었습니다. 이순신 장군은 조선 군함 판옥선에 천자총통도 함께 설치해 위력을 더했습니다.

1533 　마지막 황제 아타알파의 죽음으로 잉카제국 멸망
1541 　제네바로 돌아온 칼뱅에 의해 종교 개혁 진행
1562 　프랑스에서 위그노 전쟁 발생
1581 　네덜란드 독립선언
1588 　잉글랜드 함대에 의해 스페인 무적함대 격파
1598 　프랑스 낭트칙령 발표로 신앙의 자유 확립
1600 　영국 동인도회사 설립

맞수 대격돌 이순신 대 도요토미 히데요시

"옥포에서 이순신에게 수군이 당했습니다."
"사천포에서 우리 수군이 이순신에게 당했습니다."
"한산도에서 와키사카 야스하루의 함대가 패배했습니다."
도요토미 히데요시는 모든 해전에서 일본이 이순신에게 지자 어이가 없었습니다.
"이순신이 싸움의 신이라도 된단 말이냐? 어떻게 우리 수군이 싸울 때마다 진단 말이냐?"
이순신 장군 때문에 도요토미 히데요시는 곤란한 상황에 빠졌습니다. 한양을 점령한 일본 육군에게 식량을 보내야 하는데 일본 수군이 남해를 벗어나지 못하고 있었기 때문입니다.
"이대로는 안 되겠다. 일본에 있는 함대를 다 끌어 모아서라도 이순신 함대를 박살내라."
"안 됩니다."
"안 된다니? 지금 내 명령을 듣지 않겠다는 것이냐?"
"한산도에서 우리 수군이 패한 이후 이순신이 한산도에 수군 기지를 세웠습니다. 그곳에는 남해안을 통과할 때 꼭 지나야 하는 견내량이 있습니다. 이순신이 지키는 이상 우리 함대는 지나갈 수 없습니다."
"그럼 이대로 육군이 굶어 죽는 걸 두고 보란 말이냐!"
"죄송합니다."
"이순신이 뭐 길래 내 계획을 엉망으로 만든단 말이냐!"
결국 일본 육군은 식량난에 빠져들고 남쪽으로 철수할 수밖에 없었습니다.
"죽는 순간까지 이순신을 이겨보지 못하는구나."
결국 도요토미 히데요시는 이순신 장군 때문에 조선을 이기지 못한 채 죽음을 맞이합니다.

진주대첩의 영웅, 김시민

김시민은 고려 김방경 장군의 13대 자손으로 김충갑의 셋째 아들로 태어났습니다. 1578년 선조 11년에 무과에 급제하여 관직에 올랐습니다.

1592년, 진주판관으로 부임한 지 일 년 만에 임진왜란이 일어났습니다. 목사 이경과 함께 지리산으로 피신했던 김시민은 목사가 병사하자, 초유사 김성일의 명에 따라 진주 목사가 됩니다.

김시민 장군은 곤양군수 이광악, 의병장 이달, 곽재우 등과 함께 진주로 진격한 일본군을 공격해 고성과 창원을 되찾았습니다.

그러나 일본군은 전라도로 가는 길목에 있던 진주성을 계속 공격했습니다. 이순신 부대를 이기기 위해서는 전라도를 장악할 필요가 있었기 때문입니다.

김시민은 화약 500여 근과 대포 70여 개를 만들고, 따로 훈련까지 시켜 일본군 침입에 대비했습니다.

1592년 10월 5일, 일본의 2만 대군이 진주성으로 쳐들어왔습니다. 1부대는 마재, 2부대는 불천, 3부대는 진양 쪽으로 들어왔습니다.

김시민은 진주성에 있는 병사들과 백성을 모두 모아 이끌고 6일간의 격전 끝에 일본군을 물리쳤습니다.

전투 마지막 날, 김시민은 전투 뒤처리를 하다가 시체들 속에 숨은 일본군의 총알에 맞아 안타깝게 숨지고 말았습니다.

14 치욕의 전쟁
병자호란
1636년~1637년

"전하, 여진족은 오랑캐입니다. 오랑캐와 손을 잡을 순 없습니다."

"그렇습니다. 명나라는 임진왜란 때 우리를 도와준 은인입니다."

선조를 이어 왕에 오른 광해군은 후금과 외교를 하며 실리를 얻고자 했습니다.

후금은 만주에 사는 여진족이 세운 나라였습니다. 임진왜란 당시 명나라와 조선 그리고 일본이 정신없이 싸우는 틈을 타서 누르하치가 만주에 흩어져 있는 여진족을 하나로 합쳐서 세웠습니다.

후금은 재정 파탄과 잦은 농민 반란으로 혼란한 명나라와 복구 사업에 정신없는 조선을 제치고 강대국으로 떠올랐습니다.

"후금은 떠오르는 해, 명나라는 지는 해다."

광해군은 명나라와 후금 사이를 교묘하게 오가며 중립 외교를 펼쳤습니다. 그러나 신하들은 임진왜란 때 조선을 도와준 명나라를 배신한 행동이라고 생각했습니다.

"광해군을 믿을 수 없다."

1623년, 신하들은 인조반정을 일으켜 광해군을 쫓아내고 인조를 왕으로 내세웠습니다.

"우린 명나라에게 진 빚을 갚아야 한다."

인조는 광해군과 달리 철저하게 명나라에 대해 충성하기 시작했습니다.

"조선이 우리를 적대시하면 명나라와의 싸움에 집중할 수 없다. 이번 기회에 조선을 확실하게 제압하라."

1627년, 후금은 광해군을 몰아낸 인조에게 벌을 준다는 명분으로 조선을 침략했습니다.

"후금이 쳐들어왔다. 어떻게 하면 좋겠느냐?"

인조는 다급히 신하들에게 물었지만, 전쟁 준비는 하지 않고 명나라만 외치던 신하들에게 대책이 있을 리 없었습니다.

"일단 후금의 요구를 들어주고 물러나게 하십시오."

조선이 후금에게 화해의 뜻을 전달하자 장기간 전쟁이 부담스러웠던 후금도 협정을 맺고 물러났습니다. 그 후 이 사건을 정묘호란이라고 부르게 되었습니다.

"우리에게 치욕을 준 후금에게 복수를 해야 한다."

정묘호란 이후에 오히려 후금에 대한 적개심은 더 높아졌습니다. 임경업 장군을 중심으로 후금의 침략을 대비하기 시작했습니다.

"조선이 전쟁 준비를 한다고? 아직도 우리 후금의 힘을 모르는군."

1636년, 후금은 나라 이름을 청으로 바꾸고 본격적으로 조선을 침략했습니다.

"조선으로 출병하라."

인조반정
1623년 3월 12일, 서인 일파가 광해군 및 대북파를 몰아내고 인조를 왕으로 추대한 사건입니다. 광해군은 그들을 피해 의관 안국신의 집에 숨었으나 곧 발각되어 강화도로 유배되고, 대북파 수십 명은 참수됩니다. 반면, 반정에 합류했던 이귀, 김유 같은 서인들은 정사공신의 호를 받고 요직을 맡게 됩니다.

청나라 태종은 만주와 몽골, 한인으로 조직된 12만 대군을 친히 거느리고 조선의 국경을 넘었습니다.

"청나라 군대가 몰려옵니다."

"오냐! 기다리고 있었다."

조선으로 들어오는 관문인 의주를 수비하던 임경업 장군은 백마산성에서 청나라 군대를 기다리고 있었습니다.

"백마산성을 공격하라!"

"안 됩니다."

"왜 안 된다는 것이냐? 임경업 저 놈은 평소에도 청나라를 원수처럼 여기던 놈이다. 내가 친히 임경업을 잡아 그 죄를 묻겠다."

"그건 폐하의 개인적인 감정입니다. 하지만 전쟁은 감정으로 하는 게 아닙니다."

신하의 말에 청나라 태종은 한 가지 생각이 스치고 지나갔습니다.

"임경업은 만반의 준비를 한 자입니다. 지금 백마산성을 공격한다면 임경업을 도와주는 꼴입니다. 아직 한양은 우리가 침공한 사실을 모릅니다."

"네 말이 맞다. 백마산성은 상대하지 말고 한양으로 바로 간다."

청나라 군대는 빠른 기동력을 바탕으로 출발한 지 10일 만에 한양을 위협했습니다.

"뭐라고? 청나라 군대가 한양 코앞까지 왔다고?"

"임경업 장군이 지키는 백마산성을 피해서 바로 한양으로 왔다고 합니다."

"어떻게 해야 하느냐? 싸워야 하느냐? 피해야 하느냐?"

"싸우기에는 늦었습니다. 일단 피신하십시오."

인조는 이조판서 최명길을 청나라 군대에 보내 시간을 끌게 하는 한편, 봉림대군과 인평대군 두 왕자를 비롯한 귀족들을 강화도로 피난보냈습니다.

"이미 청나라 군대에 의해 길이 막혔습니다."

"그럼 여기서 꼼짝없이 청나라 놈들에게 잡혀야 한단 말이냐?"

"일단 한양에서 제일 가까운 남한산성으로 피하십시오."

두 왕자를 따라 강화도로 피신하려던 인조는 갑작스럽게 나타난 청나라 군대 때문에 남한산성으로 몸을 피했습니다.

"저 놈들은 독 안에 든 쥐다. 남한산성을 포위해라."

청나라 태종은 인조가 들어간 남한산성 일대를 포위했습니다. 남한산성은 완전히 고립되었습니다.

"지금 성안에는 군사 1만 2천여 명과 식량 1만 4천여 섬이 있습니다."

"얼마나 버틸 수 있겠느냐?"

"한 달간 버틸 수 있습니다."

45일이 지나자 식량이 떨어지고, 겨울 추위에 조선 군사들도 죽기 시작했습니다.

"항복한다."

인조는 결국 성문을 열고 청나라 태종에게 항복했습니다. 인조는 지금의 송파구인 삼전도에 직접 나가 청나라 태종에게 머리를 숙이며 항복을 청하는 수모를 당했습니다. 이런 모습은 역사상 가장 치욕적인 항복으로 기록되는 한편 조선은 청나라에게 조공을 바치는 속국이 되었습니다.

이후 이러한 영향으로 북벌

청나라의 조선 침략 경로

론이 제기되었으며, 〈박씨전〉, 〈임경업전〉과 같은 문학 작품이 탄생했습니다. 또한 조선의 항복을 받아 후방을 안정시킨 청나라는 이후 명나라의 공격에 더욱 박차를 가했습니다.

전투명 : 남한산성 전투
전투시기 : 1636년

1636년 2월 1일, 청나라 태종이 청군 7만, 몽골군 3만, 한군 2만의 12만 연합군을 거느리고 한양으로 들어오자 인조는 다급히 남한산성으로 몸을 피했습니다.

"훈련대장 신경진은 동성 망월대를, 호위대장 구굉은 남성을, 총융대장 이서는 북성을, 수어사 이시백은 서성을 지켜라."

인조는 다급히 남한산성을 지키기 위해 준비했습니다. 성안의 군사는 도성과 지방군사까지 합해서 1만 2천 명이었고, 문·무관 2백 명, 왕실종친 2백 명 그리고 호종 관원이 데려온 종 3백 명 등이 있었습니다.

"식량이 부족하다. 병사들에게 최소한의 식량만 지급하라."

급하게 피난길에 오른 결과 식량이나 무기를 제대로 챙기지 못했습니다. 게다가 남한산성 주변에 있던 식량 창고마저 청나라 군대에게 빼앗겼습니다.

"이대로 무너질 수 없다. 포위가 더 좁혀지기 전에 포위망을 뚫어야 한다."
북문대장 원두표는 성문을 열고 청나라 군대를 공격했습니다.
"막아라."
"포위망을 단단히 하라."
그러나 이 공격은 청나라 군대에게 막히고 말았습니다.
"이대로 아무 희망 없이 식량이 떨어질 때까지 기다려야 하는 것이냐?"
"전하, 힘들더라도 참으셔야 합니다. 지금 전하를 구하기 위해 각지에서 구원병이 오고 있습니다."
신하의 말대로 인조가 할 수 있는 방법은 구원을 기다리는 수밖에 없었습니다.
"전라병사 김준룡이 용인 광교산에서 승리를 거두었다고 합니다."
"오! 그게 정말이냐?"
"그렇습니다. 하지만…."
"하지만 뭐냐?"
"다른 지방에서 올라오던 구원병들이 청나라 군대에게 모두 졌다고 합니다."
소식을 들은 인조의 상심은 커져만 갔습니다. 그 해 겨울은 유난히 추운데다 식량까지 떨어져서 굶어 죽는 병사들이 하나둘씩 생겨나기 시작했습니다.

"전하, 성안에 있는 병사들을 생각해서라도 항복하셔야 합니다."
"전하, 죽으면 죽었지 오랑캐에게 항복해서는 안 됩니다."
상황이 어렵게 되자 항복을 주장하는 최명길과 끝까지 싸우자는 김상헌 쪽으로 의견이 갈라져 매일 토론이 벌어졌습니다. 인조도 쉽게 결정을 내리지 못했습니다.

"강화도가 함락됐습니다."

강화도에는 왕자들과 왕실 가족들이 피신해 있었습니다. 그런 강화도가 청나라 군대에 함락당하자 인조는 더 이상 버티는 것이 힘들다는 결론을 내렸습니다.

"성문을 열어라."

결국 인조가 남한산성을 나와 청나라 태종에게 항복함으로써 병자호란은 끝이 났습니다.

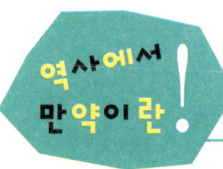

내부 반란에 운명이 갈린 산해관 전투

병자호란을 일으켜 후방을 안정시킨 청나라는 드디어 명나라를 정복하기 위해 길을 떠났습니다.

"폐하, 산해관을 넘을 수 없습니다."

산해관은 만리장성을 넘어 중국으로 들어가는 관문으로, 명나라 장군 오삼계가 굳게 지키고 있었습니다. 기세 좋던 청나라 군대는 산해관에 막혀 한 발짝도 앞으로 나갈 수가 없었습니다.

"이자성의 반란군이 북경을 함락했다고 합니다."

반면, 산해관을 지키고 있던 오삼계에게 뜻밖의 소식이 전해졌습니다. 당시 명나라는 농민들이 반란을 일으켜 혼란한 상태에 있었습니다. 그중 이자성이 가장 큰 세력을 차지하고 있었습니다. 명나라 왕은 당장이라도 토벌대를 보내 반란군을 물리치고 싶었지만, 청나라를 막기 위해 산해관에 많은 병력을 보내놓아 병사가 부족했습니다.

"기회는 지금뿐이다."

이자성은 이 기회를 놓치지 않고 명나라 수도 북경을 함락시켰습니다. 북경이 함락되던 날 명나라 황제 숭정제가 자결함으로써 명나라는 1644년에 망했습니다.

"오삼계는 당장 항복하라."

북경을 차지한 이자성은 오삼계에게 항복을 명령했습니다.

"이 오삼계가 역적의 말을 들을 것 같으냐!"

오삼계는 이자성의 명령을 단호하게 거절했습니다.

"황제가 될 내 말을 거역하다니!"

이자성은 명령을 거부한 오삼계를 정벌하기 위해 직접 군대를 이끌고 산해관으로 향했습니다.

"이제 어떻게 해야 한단 말인가?"

이렇게 되자 오삼계는 곤란한 입장에 빠지게 되었습니다. 앞에는 청나라 군대가 호시탐탐 산해관을 공격할 기회를 엿보고 있고, 뒤에는 자신을 죽이겠다고 군대를 이끌고 오는 이자성이 있었습니다.

이자성 군대가 산해관에 거의 다 당도할 때까지 오삼계는 쉽게 결정을 내리지 못했습니다. 고민을 거듭하던 오삼계는 결국 결심했습니다.

"성문을 열어라. 청나라 군대에게 구원을 요청한다."

오삼계는 이자성과 싸우기 위해 청나라 군대와 손을 잡기로 하고 절대 열릴 것 같지 않았던 산해관의 문을 열었습니다. 그리고 문이 열리는 순간 중국은 청나라 손에 넘어가게 되었습니다. 만약 오삼계가 다른 선택을 했다면 명나라와 청나라의 역사는 다른 쪽으로 움직였을 것입니다.

전쟁 속 무기 이야기 –팔기군

팔기군은 청나라의 시조 누르하치가 17세기 초에 설립한 것으로 전해집니다. 팔기군은 청나라가 중국을 통일한 후 병력의 중심으로 발전한 군사 제도입니다. 1642년, 팔기군은 8개 깃발군으로 모습을 갖추게 되며 상위 깃발군인 정황기, 양황기, 정백기는 황제의 직속 부대로 활동했습니다.

청나라가 중국을 정벌하는 동안 팔기군은 점차 전문적이고 관료적인 기관으로 바뀌었으며, 정예병으로서 청나라의 모든 전쟁에 참가했을 정도로 세력이 막강했습니다.

1643~1715 태양왕이라 불리는 프랑스 루이 14세 집권
1649 대역죄로 사형을 받은 영국 왕 찰스 1세 처형, 영국 공화정 시작
1651 영국 보호무역을 위한 크롬웰 항해조례 발표
1685 개신교에 대한 차별을 금지한 낭트칙령을 폐지, 프랑스의 개신교 탄압
1688 영국에서 전제 왕정을 입헌 군주제로 바꾸는 명예혁명 성공

치욕의 전쟁 병자호란

맞수 대격돌 광해군 대 인조

실리를 추구한 광해군은 후금과 명나라 사이에서 중립 외교를 펼쳤습니다. 하지만 광해군의 정책은 인조반정의 원인 중 하나가 되어 왕좌에서 쫓겨나게 되었습니다.

"광해군은 죄를 인정하겠소?"

"무슨 죄 말이냐?"

인조의 물음에 광해군은 당당하게 되물었습니다.

"명나라는 임진왜란 때 조선을 도와준 나라다. 조선은 자손대대로 명나라의 은혜를 갚아야 할 의무가 있다. 그런데 넌 명나라의 은혜를 잊고 오랑캐인 후금과 친하게 지냈다."

"어떻게 임진왜란이 명나라 때문에 이긴 거란 말이냐! 임진왜란은 목숨을 바쳐 싸운 장수들과 백성이 힘을 합쳐 이긴 것이다."

"닥쳐라! 명나라는 강대국이고, 후금은 이제 막 생겨난 나라다. 조선처럼 약한 나라가 살려면 강한 나라에게 잘 보여야 한다."

인조의 말에 광해군은 어이가 없었습니다.

"틀렸다."

"뭐가 틀렸다는 거냐?"

"후금은 조선이 생각했던 것보다 훨씬 강하다. 게다가 명나라의 운은 이미 다했다. 지금처럼 각지에서 반란이 일어나 혼란한 상태로 계속 가다가는 명나라는 곧 망하게 될 것이다."

"닥쳐라!"

인조는 불같이 분노했습니다.

"마지막으로 한 마디만 더 하겠다. 조선은 임진왜란을 겪은 지 얼마 안 됐다. 조선은 명나라와 후금의 싸움에 끼어들 필요가 없다. 최대한 중립적 외교를 펼치면서 전쟁의 상처를 치료하고 국력을 회복해야 한다."

광해군의 진심어린 충고에도 불구하고 인조는 집권하자마자 광해군이 펼쳤던 중립 외교를 없애고 명나라에 충성을 다했습니다. 인조의 이런 외교는 결국 병자호란의 원인이 되었습니다.

조국에서 버림받은 강홍립 장군

15 늙은 호랑이와 젊은 늑대의 싸움
청일전쟁
1894년~1895년

    조선, 청나라, 일본 세 나라는 19세기에 들어서 지금까지와 다른 새로운 변화를 접하게 됩니다. 그것은 산업혁명을 성공시킨 서구 열강이 앞을 다투어 동양에 진출하고 있었기 때문입니다.

  1854년, 일본은 200년간 지속된 쇄국 정책을 미국의 간섭에 의해 포기하고 문호를 개방했습니다. 문을 활짝 연 일본은 서구 열강의 발전된 문물을 받아들이며 성장하기 시작했습니다. 반면, 조선과 청나라는 서구 열강에 맞서 더욱더 쇄국 정치를 펼쳤습니다.

"이제 조선이다."

"왜 조선을 손에 넣어야 합니까?"

"조선은 대륙으로 진출하는 발판이 되는 곳이다. 게다가 우리가 생산한 물건을 소비해주는 시장이 되어야 한다."

  짧은 시간에 후진 사회에서 근대 산업 국가로 성장한 일본은 경제적, 군사적 이득을 위해 조선을 탐냈습니다. 결국 일본은 운요호 사건을 빌미로 조선과 강화도 조약을 맺어 강제로 조선의 문을 열었습니다.

"이제부터 조선은 청나라의 속국이 아닌 독립국이다."

일본은 대외적으로 조선이 독립국임을 선언했습니다. 그러나 실상 일본은 조선에 많은 영향력을 행사하는 청나라를 떼어내기 위해 거짓 선언을 했을 뿐입니다.

"감히 일본 따위가 청나라에게 도전했단 말이지!"

청나라는 당연히 일본의 행동에 반발했습니다. 일본이 조선 침략의 야욕을 보이면 보일수록 전쟁 가능성은 커져만 갔습니다. 일본과 청나라는 서로 흥선대원군과 명성황후를 이용해서 틈만 나면 충돌했습니다.

"외세는 물러가라."

1894년, 조선에서는 전봉준이 동학 농민 혁명을 일으켰습니다. 농민을 중심으로 일어난 이 혁명은 반봉건 반외세를 주장하며 전라도와 충청도, 경상도 지방으로 번졌습니다. 특히 일본에 대한 적개심은 하늘을 찔렀습니다.

"이러다가는 나라가 망한다. 일본에게 구원을 요청해라."

고종은 조선의 힘만으로는 동학 농민군을 이길 수 없다고 판단하여 일본에게 군대를 요청했습니다.

"공격하라."

동학 농민군은 공주 우금치에서 조선과 일본의 합동 공격을 받고 전멸당했습니다. 당시 우금치 전투에 참가한 일본군은 200명 정도에 불과했지만 기관총 같은 신

강화도 조약
1875년 일본이 측량을 빙자하며 군함 운요호를 앞세워 조선 근해에 불법으로 들어오자 이에 조선 수비병들이 발포하며 충돌이 생깁니다. 이 사건 후 일본은 배상과 함께 조선의 개항을 강요했으며, 결국 1876년 고종은 일본의 강압 아래서 불평등 조약인 강화도 조약을 체결합니다. 이 조약에 따라 조선은 부산 외에 인천과 원산을 개항합니다.

무기로 무장하고 있어 4만 명의 동학 농민군을 쉽게 이길 수 있었습니다.

"이제 조선은 우리 것이다."

동학 농민을 진압한 일본군은 빠르게 조선을 장악하기 시작했습니다. 그러나 탄탄대로를 걷던 일본에게 문제가 발생했습니다.

"우리 청나라도 조선에 군대를 보내야 한다."

조선 조정이 동학군을 진압하기 위해 청나라에도 군대를 요청했던 것입니다. 청나라는 즉시 조선에 군대를 보냈고, 한양에는 일본과 청나라 양측 군대가 들어오

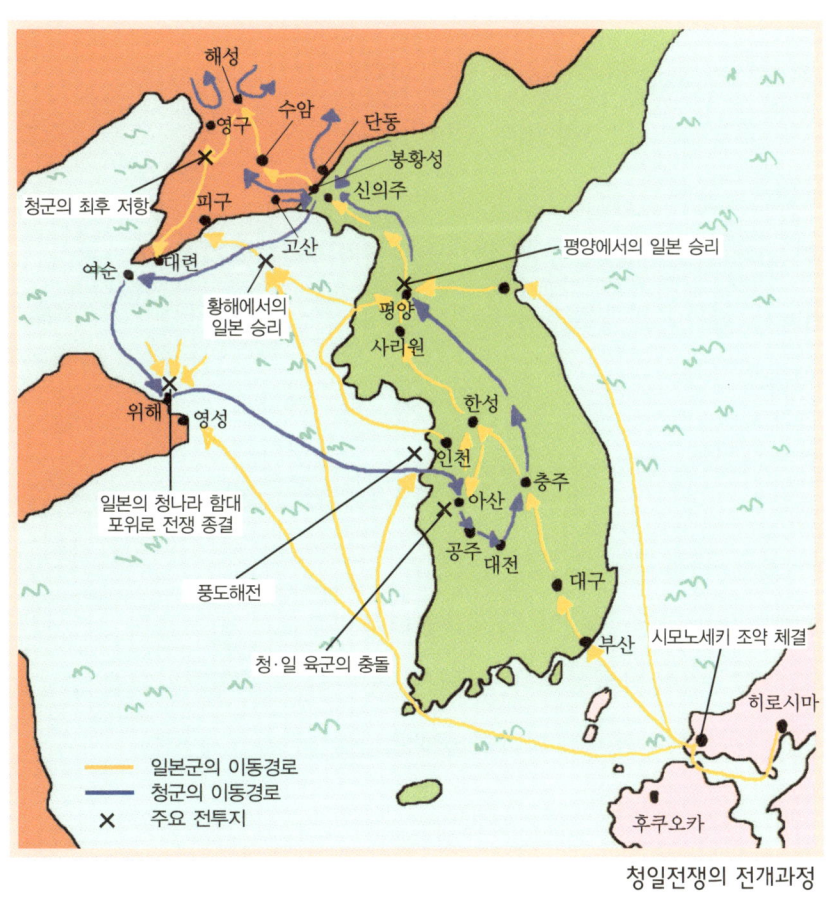

청일전쟁의 전개과정

게 되었습니다.

　1894년 7월 25일, 날카롭게 대치하던 청나라와 일본은 아산 앞바다에서 해전을 벌였습니다.

　"화약고에 불이 붙었다. 탈출하라!"

　선전포고 없이 쳐들어온 일본의 공격으로 청나라 광을호는 화약고가 폭발해 침몰하게 되었습니다.

　"비겁한 일본 놈들이 선전포고도 없이 기습 공격을 한다."

　선전포고 없이 공격을 하는 일본의 행동은 이후 벌어진 전쟁에서도 계속되었습니다. 일본은 8월 1일에서야 공식적으로 청나라에 선전포고를 했습니다.

　"조선에 들어와 있는 일본군을 싹 쓸어 버려라."

　청나라에서 파견된 1만 5천 명의 청나라군은 평양에서 일본군을 공격할 준비를 끝냈습니다.

　"청나라 군대는 숫자만 많지 훈련이 안 되어 있다. 겁먹지 말고 싸워라."

　1894년 9월, 일본군은 평양성을 습격하여 청나라 군대를 공격했습니다.

　"기습이다."

　"막아라."

　기습을 당한 청나라군은 정신없이 일본군을 막았습니다.

　"더 이상은 무리다. 의주로 도망쳐라!"

　청나라군은 다급하게 의주로 도망갔습니다. 이 전투에서 청나라는 사망자 2천 명과 부상자 4천 명이 발생했으나, 일본은 600명의 사상자가 나왔을 뿐입니다.

　"의주만 점령하면 조선에서 청나라 군대를 몰아낼 수 있습니다."

　"의주가 문제가 아니야."

　"옛?"

"청나라 놈들을 조선에서 완전하게 몰아내려면 여순항을 점령해야 한다."

여순항은 만주의 남서부 요동반도에 있는 해군기지로 이곳을 점령한다면 청나라와 조선을 연결하는 서해 바다를 통제할 수 있었습니다. 일본은 청나라가 자랑하는 북양 함대와 압록강 하구에서 싸워 대승을 거두었습니다.

"청나라의 북양 함대가 도망쳤다. 이제 남은 건 여순항뿐이다. 압록강을 건너라."

10월 24일 밤, 일본군은 몰래 압록강을 건너 요동반도 동쪽 호산의 주둔기지를 공격했습니다. 이날 일본군은 사망 4명, 부상 14명의 적은 희생만으로 중국 영토로 쳐들어갈 수 있는 발판을 마련했습니다.

"여순항을 반드시 방어해야 한다."

일본군에게 계속 패한 청나라는 여순항의 방어를 강화했습니다. 이곳을 빼앗기면 사실상 전쟁은 청나라의 패배로 끝날 가능성이 높았기 때문입니다.

"공격하라!"

공격 명령과 함께 일본군은 여순항을 향해 진격해 나갔습니다.

"후퇴! 후퇴하라!"

11월 21일, 결국 일본군은 여순항을 점령하고, 같은 해 12월 10일에는 요동의 건양마저 점령했습니다.

"북양 함대가 웨이하이 요새로 도망갔다고 합니다."

"좋다! 웨이하이 요새로 간다."

요동 지방을 점령한 일본군은 청나라의 마지막 자존심인 북양 함대의 숨통을 끊어 놓으려고 결심했습니다. 황해 해전에서 패한 북양 함대는 여순항을 거쳐 웨이하이 요새로 피신해 있다가 일본 육해군의 공격을 받았습니다.

"항복한다! 항복!"

"드디어 북양 함대가 무릎을 꿇었다."

1895년 1월 20일부터 2월 12일까지 23일간 치열하게 진행된 웨이하이 요새 전투는 결국 일본군이 승리했습니다. 이로써 1년 가까이 벌어졌던 청나라와 일본 간의 청일전쟁은 시모노세키 조약을 맺음으로써 끝이 났습니다.

　청일전쟁은 세계열강에 청나라의 무능함이 알려지는 계기가 되었고, 세계열강은 노골적으로 청나라 분할 경쟁에 뛰어들었습니다. 전쟁에서 승리한 일본은 막대한 배상금을 받았을 뿐만 아니라 적극적으로 조선 침략에 나서게 되었습니다. 이후 일본은 러일 전쟁에서도 승리하며 명실상부한 세계열강의 위치에 올랐습니다. 조선은 다른 나라의 전쟁 틈바구니에 끼여 국토만 황폐해지고 일본의 침략 정책에 의해 국권을 빼앗겼습니다.

전투명 : 황해 해전
전투시기 : 1894년

　"북양 함대를 이기려면 정원과 진원의 장갑을 뚫어야 한다."

　청나라와 전쟁을 앞둔 일본 해군은 북양 함대의 주력함인 정원과 진원 때문에 골치가 아팠습니다. 당시 일본이 보유한 무기로는 정원과 진원의 두꺼운 철갑을 뚫을 수가 없었기 때문입니다. 하지만 청일전쟁에서 이기려면 어떻게든 청나라의 북양 함대를 이겨야만 했습니다.

시모노세키 조약
청일전쟁 후, 청나라의 요청으로 1895년 4월 17일 청나라와 일본 사이에 체결된 조약입니다. 이후 일본은 청나라의 간섭 없이 조선을 지배하게 되었으며, 배상금 2억 냥도 받았습니다. 그 외에도 요동반도, 대만, 팽호열도 등을 일본에 넘긴다는 내용이 담겨 있습니다.

늙은 호랑이와 젊은 늑대의 싸움 **청일전쟁**

"프랑스의 새로운 군함을 도입하는 수밖에 없다."

일본은 결국 막대한 돈을 들여 프랑스에서 3척의 배를 구입했습니다. 만반의 준비를 갖춘 일본은 1894년 청일전쟁을 일으켰습니다.

"과연 일본 함대를 이길 수 있을까?"

북양 함대의 사령관인 정여창은 깊은 고민에 빠졌습니다. 일본이 철저히 전쟁을 준비한 반면 청나라는 그렇지 못했기 때문입니다. 북양 함대에게 지원돼야 할 예산을 청나라 실권을 가지고 있는 서태후가 다 써 버렸습니다.

"압록강 해역으로 출발하라."

정여창은 불안한 마음을 진정시키며 출전 명령을 내렸습니다.

"일본 함대가 나타났습니다."

1894년 9월 17일, 청나라의 북양 함대가 일본 함대를 발견했습니다.

"포격하라!"

북양 함대는 일본 함대를 향해 대포를 발사했습니다. 포탄은 물보라를 일으키며 일본 함대 주변에 떨어졌습니다.

"어떻게 단 한발도 맞추지 못하느냐?"

정여창은 쏠 때마다 빗나가는 포탄을 바라보며 소리쳤습니다. 그 순간 정여창이 타고 있던 정원함에 포탄이 날아왔습니다. 하지만 일본 함대가 쏜 포탄은 철갑함인 정원함을 뚫을 수 없었습니다.

"배가 침몰합니다."

그러나 모든 배가 정원함처럼 튼튼한 철갑으로 만들어진 건 아니었습니다. 정원함 옆에 있던 호위함들이 포탄에 맞아 침몰했습니다. 군함의 성능은 청나라가 좋았지만 훈련은 일본 함대가 더 잘돼 있었습니다.

"쏴라!"

일본 함대가 포탄을 쏠 때마다 청나라 함대에 명중됐습니다.

"후퇴! 후퇴!"

정여창은 결국 후퇴 명령을 내렸습니다. 청나라 함대는 화력이 우위에 있었음에도 선원들의 훈련 부족과 기동력의 열세로 10척의 군함 중 5척이 침몰, 3척이 파손되고, 1천여 명이 넘는 사상자를 냈습니다. 반면, 일본 함대는 4척의 함대만 파손되고 사상자도 채 300명이 안 됐습니다.

황해 해전이라고 불리는 이 해전에서 청나라가 심혈을 기우려 만든 북양 함대가 일본 함대에 패하면서 청일전쟁은 일본 쪽으로 유리하게 전개되었습니다.

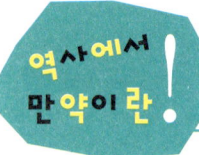 *백범 김구 주석과의 인터뷰*

"김구 주석께서는 살아오시면서 언제가 제일 아쉬운 순간이셨습니까?"

"동학 농민 혁명이 실패했을 때지요."

"동학 농민 혁명에 김구 주석님도 참가하셨습니까?"

"그렇소."

1945년, 해방이 되어 고국으로 돌아온 김구 주석은 잠시 회상에 잠겼습니다.

전라도 고부군에 부임된 조병갑이 농민들을 괴롭히자 참지 못한 전봉준이 1893년에 봉기를 일으켰습니다.

"조선은 백성을 괴롭히고, 일본 놈들은 조선을 괴롭히고 있습니다."

전봉준의 외침에 농민들은 구름처럼 모여들었습니다.

"반란이다. 반란을 진압하라."

조정에서는 박원명을 보내 농민을 달랬지만, 시간이 지나자 다시 이용태를 보내 반란을 진압하려 했습니다. 이에 전봉준과 김개남 그리고 손화중이 함께 힘을 합쳤습니다. 제1차 동학 농민 혁명이 일어난 것입니다.

정읍, 홍덕, 고창, 무장 등을 점령한 농민군은 4월 23일, 장성 황룡촌 전투에서 홍계훈이 이끄는 정부군을 상대로 승리했습니다.

"전주성을 함락시켰다."

동학 농민군은 기세를 몰아 전주성을 점령했습니다. 정부군과 동학 농민군은 서로 전투를 벌이던 중 청나라 군대와 일본 군대가 조선에 들어왔다는 소식을 들었습니다.

"이러다 정말 외세에 조선이 망하게 생겼다."

전봉준은 조정에 '폐정개혁 12개조'를 올리고 스스로 전주성에서 물러났습니다. 또한 전라도 53군에서는 집강소를 설치하고 폐정 개혁을 실천했습니다.

"일본군이 돌아가지 않고 왕실을 점령했다."

일본이 허락도 없이 왕실에 들어가 내정을 간섭하자 동학 농민군은 다시 봉기했습니다.

"일본을 몰아내자."

9월 14일, 전봉준이 4천 명의 농민군을 이끌고 삼례에서 일본군을 몰아낸 뒤 한양을 향해 출발했습니다.

"관군과 일본군이 우금치 고개에 있습니다."

"좋다. 그들을 물리치고 한양으로 가자."

"우금치로 모여라!"

전봉준은 동학 농민군을 이끌고 우금치 고개를 향했습니다.

"조선에서 일본을 몰아내자!"

동학 농민군은 함성을 지르며 일본군을 향해 돌격했습니다.

"휴우~!"

잠시 회상에 잠겼던 김구 주석이 감았던 눈을 떴습니다.

"자네도 알다시피 우금치에서 동학 농민군은 일본군에게 지고 말았다네."

"예…."

"만약 그때 동학 농민군이 이겨서 조선의 역사가 바뀌었다면 일본한테 나라를 빼앗기는 설움을 겪지 않았을지도…."

김구 주석은 이 말을 남기고 쓸쓸한 표정으로 하늘을 바라보았습니다.

 전쟁 속 무기 이야기 –장갑함, 기관총

  19세기 중반 유럽과 미국은 새로운 형태의 전함을 개발합니다. 포격에 약하던 약점을 극복하기 위해 선체에 철판을 둘러 배를 보호했습니다. 1859년 프랑스에서 최초의 장갑함인 '글루아르호'를 만들어 사용했습니다. 후에 장갑함은 전함으로 발전하게 되는데, 청일전쟁 때 청나라 북양 함대와 일본 함대는 서구에서 만들어진 장갑함을 마련해 해전을 벌였습니다.

  또한 일본 군대는 미국에서 발명된 수동식 다총신 기관총을 도입하여 전쟁에 나섰습니다. 10개의 총신을 돌려서 발사하는 방식으로, 1분에 600발의 총알을 발사할 수 있었습니다. 특히 동학 농민 혁명 당시 우금치 전투에서 이 무기로 말미암아 동학 농민군이 전멸하다시피 했습니다. 이것은 옛날처럼 적을 향해 돌격하는 전쟁 양상을 바꾸어 놓은 신무기였습니다.

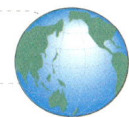

1871	22개의 군주국과 3개의 자유도시로 독일제국 창건
1884	아프리카 분할에 관한 열국 회의 시작
1886	버마 왕의 항복으로 영국과 버마 합병
1890	독일에서 비스마르크 사임
1898	미국과 스페인 간의 전쟁 반발

맞수 대격돌 흥선대원군 대 명성황후

고종의 아버지 흥선대원군과 고종의 부인 명성황후는 시아버지와 며느리의 관계였습니다. 그러나 두 사람은 정치적 입장이 너무 달랐습니다. 두 사람의 서로 다른 정치적 입장 때문에 조선의 운명은 몇 번이고 뒤바뀌게 되었습니다.

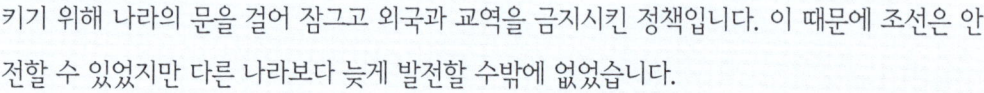

"대원군께서는 쇄국 정책을 거두어야 합니다."

쇄국 정책은 흥선대원군이 외세로부터 조선을 지키기 위해 나라의 문을 걸어 잠그고 외국과 교역을 금지시킨 정책입니다. 이 때문에 조선은 안전할 수 있었지만 다른 나라보다 늦게 발전할 수밖에 없었습니다.

"황후는 잘 들으시오. 지금 조선은 풍전등화의 위기에 빠져 있소. 만약 우리가 외국 세력에게 문을 연다면 힘이 약한 조선은 외국에 먹히고 말 것이오."

"그렇기 때문에 더욱더 문을 열어야 합니다. 발달된 외국 문물을 받아들여 조선도 세계열강과 같은 위치에 올라서야 합니다."

"지금은 때가 아니오."

"지금이 아니면 늦습니다."

"그래서 황후는 일본 세력을 끌어들여 날 죽이려고 했습니까?"

흥선대원군의 말대로 명성황후는 김옥균의 개화파를 지원하며 흥선대원군을 견제했습니다.

"대원군께서도 청나라 세력을 등에 업고 저를 죽이려고 했습니다."

1887년에 흥선대원군이 청나라의 위안스카이와 손을 잡고 고종을 폐위시키려다 실패한 사건을 명성황후가 언급한 것입니다. 이후에도 흥선대원군과 명성황후의 대립은 계속되었습니다. 두 사람이 힘을 합치지 못하고 대립한 결과 조선은 일본과 청나라 그리고 러시아 세력에 휘둘려 멸망의 길로 접어들게 되었습니다.

청나라의 북양 대신 이홍장

16 제국주의의 망령
중일전쟁
1937년~1945년

    1910년, 일본은 한일합방을 통해서 조선을 식민지로 만들었습니다. 일본은 조선을 차지하면서 동북아시아의 강대국으로 자리 잡았습니다. 한편 청나라는 1911년에 쑨원이 신해혁명을 일으켜 중국 최초의 공화국이 설립되었습니다. 이후 중국은 중화민국을 거쳐 쑨원의 후계자 장개석이 이끄는 국민당 정부가 들어섰습니다.

    "일본이 계속 발전하려면 만주를 차지해야 한다."

    1931년부터 일본은 만주 지역에 자본을 투자해 상품 시장 및 중공업 원료기지로 삼았습니다. 그러나 전 세계에 불어 닥친 대공황으로 힘들게 만들어놓은 만주 철도 영업이 부진해졌고, 중국인의 일본상품 안 쓰기 운동도 거세져 일본의 위기의식은 날로 높아졌습니다. 그러자 일본은 아예 만주 지역을 차지하기로 결정했습니다.

    "만주를 차지하려면 전쟁을 일으킬 명분이 필요해."

    이 주장에 따라 1931년 9월 18일 밤, 만주 펑톈 교외의 류타오거우 호수에서 일본군은 만주 철도를 폭파했습니다.

"어제 있었던 만주 철도 폭발 사고는 일본을 싫어하는 만주군의 짓이다."

일본은 자신들이 한 짓을 중국군에게 뒤집어씌우고 공격하여 주변 도시들을 점령했습니다. 물론 일본은 항상 그랬던 것처럼 선전포고를 하지 않고 기습했습니다. 이것이 중일전쟁의 발단이 되는 '만주사변'이었습니다.

"지금 미국이 전쟁에 대해 계속 항의하고 있다. 미국과 관계가 더 나빠지기 전에 만주를 차지하라."

미국은 일본의 만주 공격을 막기 위해 외교적으로 압력을 가했습니다. 그러나 일본은 그 압력보다 더 빠른 속도로 만주 지역을 장악했습니다.

"일본이 만주를 차지하고 있습니다. 국민당 군대를 출동시켜주십시오."

장개석이 이끄는 국민당은 이런 국민의 요청에 응답하지 않았습니다. 중국은 당시 장개석의 국민당과 모택동의 공산당으로 갈라져서 싸우고 있었습니다.

"청나라 때부터 만주도 중국 땅이었지만 변방에 가깝다. 더구나 지금은 공산당과의 전쟁이 더 중요하다. 괜히 일본과 싸워 국민당의 힘을 잃을 필요는 없다."

장개석은 막강한 군사력을 가진 일본과 싸우는 걸 원하지 않았습니다. 결국 일본은 1932년, 청나라의 마지막 황제 푸이를 데려와 주권 없는 국가인 만주국을 세워 만주를 차지했습니다.

"이번 기회에 아예 중국을 몽땅 차지하자."

일본은 브레이크가 없는 자동차처럼 멈추지 않고 전쟁을 향해 달려갔습니다. 당시 일본은 정치보다는 군대의 힘이 강해져서 나라의 모든 일을 군대가 결정하고 있었습니다.

"루거우차오 다리에서 국민당과 총격전이 벌어졌습니다."

"뭐야?"

"어떻게 대응해야 하는지 물어오고 있습니다."

"기회는 지금이다. 이걸 핑계 삼아 중국 본토 안으로 진격하라."

1937년 7월 7일, 루거우차오 부근에서 일본군과 중국군이 우연히 충돌한 사건을 빌미로 일본은 중일전쟁을 일으켰습니다.

"우리는 지금 중국을 공격하는 것이 아니다. 미개한 중국인에게 발달된 문명과 신기술을 가르쳐주러 갈 뿐이다."

일본은 중국과의 전쟁을 '아시아 혁신'이라고 부르며 거짓 선전을 시작했습니다. 중국은 국민당과 공산당으로 갈라져 서로 싸우고 있었기 때문에 효과적으로 일본군을 막을 수 없었습니다.

연이어 톈진도 함락당했습니다. 그리고 전쟁은 중국 동부 해안선을 따라 경제의 중심지인 상하이와 국민당 정부의 수도 난징까지 번져나갔습니다.

"난징만은 반드시 지킨다!"

장개석은 큰소리를 쳤지만 이미 부자들과 정치인들은 난징을 빠져 나간 후였습니다.

"일본군이 난징을 점령했다."

"국민당이 우릴 버렸다."

1937년 12월, 난징은 결국 일본군에게 함락당하고 시민 수십만 명이 일본군에 의해 살해당하는 난징대학살이 벌어졌습니다.

"일본군은 바다를 낀 해안 도시를 중심으로 점령 중입니다. 그것은 바다를 통해 보급품을 쉽게 받기 위해서입니다."

"그럼 우린 어떻게 해야 한단 말이냐?"

"중국 땅은 넓고도 넓습니다. 땅을 내주고 시간을 벌어야 합니다."

"땅을 내주고 시간을 벌어?"

"우리 국민당은 공산당과 싸우고 있습니다. 공산당을 다 정리할 때까지 일본군과 싸워서는 안 됩니다. 그러기 위해서 수도를 내륙 깊숙한 곳으로 옮겨야 합니다. 일본군이 보급품을 쉽게 받지 못하게 해야 합니다."

장개석은 참모들의 의견에 따라 수도를 중국 내륙 깊숙한 곳으로 옮겼습니다.

일본군은 계속 중국 내륙으로 진격하며 광둥에서 산시에 이르는 남북 10개 성과 주요 도시의 대부분을 점령했습니다. 그러자 예상대로 일본군은 보급이 어려워져 진격 속도가 느려졌습니다.

"일본군을 몰아내자."

"일본에게 질 수는 없다."

초반에 계속 지기만 했던 중국군은 조직적으로 일본군에게 대항하기 시작했습니다.

"중국이 일본에 의해 고통을 받고 있소. 일단 힘을 합쳐 일본군부터 몰아냅시다."

"좋습니다."

계속된 일본군의 공격에 국민당과 공산당은 국공합작을 결심했습니다. 이렇게 되자 보다 체계적으로 일본군에 맞설 수 있었습니다. 결국 전쟁이 길어지자 일본군도 지쳐갔습니다.

"일본이 중국에서 철수하지 않으면 전쟁 물자를 수출하지 않겠답니다."

한편, 미국은 중일전쟁을 일으킨 일본에게 철수를 계속 요구하고 있었습니다.

"이렇게 된 이상 더 어려워지기 전에 미국과 전쟁을 벌이겠다."

이미 멈출 수 없는 길을 택한 일본은 1941년 하와이 진주만 기습 공격을 시작으로 미국과 태평양전쟁을 벌였습니다. 진주만 기습을 성공시킨 일본은 필리핀, 인도네시아, 버마까지 점령하면서 세력을 넓혀가지만 미국으로부터 히로시마에 원자폭탄을 맞고 1945년 8월 15일, 무조건 항복을 하게 됩니다.

일본의 항복으로 중일전쟁은 끝이 났습니다. 이 전쟁의 끝은 미국에 의해서 이루

어졌지만 중국의 도움이 없었다면 쉽게 끝낼 수 없었습니다. 중국의 끈질긴 노력으로 일본군의 사기는 떨어졌고, 105만 명에 이르는 일본의 대병력이 중국 전선에 묶여 있어서 미국이 보다 빨리 행동할 수 있었습니다. 그리하여 2차 세계 대전 승전국들만 모였던 포츠담 회담에 중국 국민당 정부도 당당하게 참가할 수 있었습니다.

전투명 : 윤봉길 폭탄 투척
전투시기 : 1932년 4월 29일

중일전쟁이 일어나기 전인 1932년, 일본은 일본인 승려 살해 사건을 핑계로 상하이를 공격했습니다.

"일본 해군육전대가 공격해옵니다."

"당황하지 마라. 우리 19로군은 상하이를 지키는 수비대다."

포츠담 회담
1945년 7월 26일, 미국, 영국, 중국의 수장이 독일의 포츠담에서 가진 정상 회담입니다. 본 회담에서는 일본의 항복 권고와 2차 세계 대전 이후의 일본에 대한 처리 문제가 논의되었고, '포츠담 선언'으로 공포되었습니다. 선언은 13개 항목으로 정리되었고, 그 내용은 '일본이 항복하지 않는다면, 즉각적이고 완전한 파멸'에 직면하게 될 것을 경고한 것입니다.

중국 19로군은 중국 경제 중심지인 상하이를 지킨 군대답게 훈련이 잘돼 있었습니다.

"중국군의 저항이 강합니다. 우리 힘으로는 힘들 것 같습니다."

"제길, 본국에 지원을 요청해라."

예상과 달리 19로군의 격렬한 저항을 받은 일본 해군육전대는 2월 중순에 3개 사단의 육군을 지원받아 상하이를 장악했습니다.

"만세! 만세! 상하이를 점령했다."

힘든 전투 끝에 상하이를 점령한 일본군의 시라카와 대장은 기쁨을 감추지 못했습니다.

"전승기념 행사를 준비하라."

마침 그때가 일본 국왕의 생일인 천장절이었기 때문에 일본군은 축제 분위기로 들떠 성대한 기념식을 준비했습니다.

"김구 주석님, 윤봉길이란 청년이 찾아왔습니다."

상하이가 일본 손에 넘어가자 상해임시정부의 김구 주석은 숨어 지낼 수밖에 없었습니다. 그때 청년 윤봉길이 김구 주석을 찾아왔습니다.

"제가 일본 전승기념식에 폭탄을 던지겠습니다."

"폭탄을 던진다고? 자네는 아내와 아들이 있지 않은가?"

"전 대한 독립을 위해 목숨을 바칠 각오가 되어 있습니다."

"좋소."

윤봉길의 비장한 각오를 들은 김구 주석은 결국 허락했습니다. 1932년 4월 26일, 윤봉길은 한인 애국단에 입단하여 김구를 비롯한 이동녕, 이시영 등의 지도자들과 계획을 세웠습니다.

"야채 사세요, 야채."

윤봉길은 야채상으로 가장하여 미리 기념식장에 들어가 정보를 입수했습니다.

"윤 동지, 여기 폭탄이 있소."

폭탄 제조 전문가인 김홍일은 윤봉길에게 물병 모양의 폭탄 1개와 거사가 성공했을 때 자살할 도시락 모양의 폭탄 1개를 건네주었습니다.

"죽어서 대한 독립의 꿈을 이루겠습니다."

1932년 4월 29일, 윤봉길은 일본인으로 변장하여 기념식장 안으로 들어갔습니다.

"위대한 천황께서 이끄시는 일본은…."

"일본인들이여, 조선 민족의 울분을 받아라!"

시라카와 일본군 대장이 막 연설을 시작할 때쯤 윤봉길이 던진 폭탄은 사방을 뒤흔드는 굉음과 함께 폭발했습니다.

"으악!"

"폭탄이 터졌다."

이날 윤봉길이 던진 폭탄에 시라카와 일본군 대장과 일본인 거류민단장 가와바다는 그 자리에서 죽고, 제3함대 사령관 노무라 중장과 제9사단장 우에다 중장, 주중공사 시케미쓰 등은 중상을 입었습니다.

"대한 독립 만세! 대한 독립 만세!"

윤봉길은 몸을 피하지 않고 당당하게 대한 독립을 외치다 현장에서 일본군에게 체포되었습니다. 그리고 일본 군법회의에서 사형을 선고받고, 그해 12월 19일에 24세의 젊은 나이로 순국했습니다.

"윤 동지, 당신의 희생으로 상해임시정부는 살아날 수 있었소."

김구 주석의 말대로 윤봉길의 폭탄 투척 사건은 세계에 알려지게 되었고, 국민당

장개석도 이 소식을 듣게 되었습니다.

"4억 중국인이 해내지 못하는 위대한 일을 한국인 한 사람이 해냈다."

장개석은 일본에게 일방적으로 지고 있던 중국의 자존심을 윤봉길이 되살렸다고 생각했습니다. 윤봉길의 거사 이후 장개석은 상해임시정부에 대한 지원을 아끼지 않았고, 일본에게 쫓겨 힘들어 하던 상해임시정부는 해방 때까지 계속 활동할 수 있었습니다.

 세계 최초로 원자폭탄을 맞은 일본

"친애하는 천황 폐하께."

일본 왕 히로히토에게 일본 해군 사령관 야마모토 이소로쿠의 편지가 전달됩니다.

"지금이라도 항복해야 합니다. 우리 일본은 미국의 진주만을 기습 공격할 때부터 이미 이길 수 없는 전쟁을 하게 된 것입니다."

야마모토 이소로쿠의 편지는 일본이 미국 태평양 함대 기지인 하와이를 기습 공격한 일을 적고 있었습니다.

"미국을 공격하다니 미쳤군."

미국 유학생활로 미국 사정을 누구보다 잘 알았던 야마모토 이소로쿠는 처음부터 이 전쟁에 반대했습니다. 중국과 전쟁을 벌이고 있는 일본은 미국과 전쟁을 할 여력도 없었고, 처음부터 초강대국 미국을 이길 수 없다고 생각했기 때문입니다.

"미국은 이미 우리 일본을 공격했소."

"미국이 공격하다니?"

"인도차이나 반도에서 석유와 고무, 구리 등 지하자원이 일본으로 들어오는 걸 막고 있단 말이오."

1937년에 중일전쟁이 터지자 미국과 영국은 1941년부터 일본에 무기 제조에 필요한 고철과 석유 수출 금지, 미국 내 일본 재산 동결, 일본 선박의 파나마 운하 통과 거부 등의 조치를 취했습니다.

"이대로 가다가는 일본은 3개월 안에 모든 것이 정지되고 말 거요. 이걸 피하기 위해서는 중국에서 철수해야 하는데 그건 있을 수 없는 일이오. 하지만 우리에게는 막강한 항공모함이 있으니 미국을 이길 수 있소."

당시 일본 해군은 미국 태평양 함대보다 더 우수한 항공모함을 가지고 있었습니다.

'진주만 기습만 성공한다면 미국도 우리랑 협상할 거야.'

야마모토 이소로쿠는 진주만 기습만 성공한다면 독일과 전쟁 중인 미국이 일본과 협상할 거라고 생각했습니다.

"좋다. 공격이다."

1941년 12월 7일 아침, 일본 해군이 진주만을 공격했습니다.

"일본군의 기습이다."

"전함이 침몰한다."

이날 기습 공격으로 미국 해군은 함선 12척, 비행기 188대에 손상을 입었으며 2,403명의 군인 사상자와 68명의 민간인 사망자가 나왔습니다.

"완벽한 성공이다."

야마모토 이소로쿠는 작전 성공에 기쁨을 감추지 못했습니다. 그러나 예상과 달리 미국은 협상에 나오지 않았습니다.

"감히 선전포고도 없이 미국을 공격하다니!"

제국주의의 망령 중일전쟁

미국은 일본의 기습 공격에 분노했고, 곧바로 일본과 전쟁에 돌입했습니다. 야마모토 이소로쿠가 예상했던 대로 미국은 초강대국의 위력을 보여주었습니다. 결국 일본은 1945년 8월 15일에 원자폭탄을 맞고 항복했습니다.

만약 일본 왕이 야마모토 이소로쿠의 편지를 받고, 미국에게 미리 항복했다면 인류 역사상 최초로 원자폭탄을 맞는 불행은 당하지 않았을지도 모릅니다.

 전쟁 속 무기 이야기 −항공모함, 가미가제 특공대

항공모함은 배 위에 비행기를 싣고 다니는 전함입니다. 태평양전쟁에서 일본은 항공모함을 선보이며 비행기는 육지에서만 날 수 있다는 고정관념을 깨뜨렸습니다. 항공모함에서 이륙한 비행기가 공격하기 때문에 대포를 쏘는 전함에 비해 공격 거리가 획기적으로 늘어났습니다. 일본이 전쟁에서 항공모함을 효과적으로 사용한 이후 다른 나라 해군들도 항공모함을 본격적으로 사용하기 시작했습니다.

일본은 이 외에도 가미가제 특공대를 훈련시켰습니다. 이것은 최후의 저항 수단으로, 자신의 비행기에 폭탄을 싣고 상대편의 배로 돌격해 자살하는 방법입니다. 여몽 연합군이 일본을 정벌할 때 불었던 태풍을 일본은 가미가제(神風)라고 불렀습니다. 그 이름을 따서 신의 바람 특공대, 즉 가미가제 특공대가 탄생했습니다. 하지만 이미 끝난 전쟁에 젊은 조종사들을 죽음으로 내몬 일본의 마지막 발악은 결국 허무하게 끝이 나고 말았습니다.

1933　프랭클린 루즈벨트 뉴딜정책 시행
1936　소련 신헌법(스탈린헌법) 제정
1939　2차 세계 대전 발생

맞수 대격돌 　장개석 대 모택동

신해혁명 이후 중국은 장개석이 이끄는 국민당과 모택동이 이끄는 공산당으로 갈립니다.

"모택동 당신은 중국을 분열시키고 있다."

장개석은 모택동에게 항의하듯 말했습니다.

"내가 중국을 분열시키다니! 중국을 병들게 하고 있는 건 장개석 당신이야."

모택동도 지지 않고 맞받아쳤습니다.

"내가 왜 중국을 병들게 한단 말이냐?"

"장개석 네가 이끄는 국민당은 외국 세력에 붙어서 돈을 모으거나 가난한 사람들을 쥐어짜서 돈을 모은 사람들을 위한 당이다. 사람들은 전쟁 때문에 굶어 죽는데 너희들은 떵떵거리며 살고 있지 않느냐!"

"지금 국민당은 일본과 전쟁 중이다. 전쟁 중에는 큰 것을 위해 작은 것도 희생할 줄 알아야 한다. 오히려 너희 공산당이 전쟁을 틈타 중국을 분열시키고 있다."

이처럼 두 사람의 생각은 너무나 달랐습니다. 장개석은 모택동이 중국을 분열시킨다고 생각해서 일본군보다 공산당과의 전쟁에 더 힘을 쏟았습니다. 이렇게 되자 일본에 적대감을 가지고 있던 사람들은 장개석을 싫어하게 되었고, 일본군과 싸우는 공산당을 더 따랐습니다. 그러나 계속되는 일본군의 침략에 견디지 못한 장개석은 국공합작을 통해 모택동과 손을 잡고 일본군과 싸웠습니다.

일본이 항복한 후에 본격적으로 국민당과 공산당은 중국을 놓고 전쟁을 벌였습니다. 결국 모택동이 이끄는 공산당이 전쟁에 승리하면서 장개석은 쓸쓸히 대만으로 도망쳤습니다. 그 후 중국은 중국 본토와 대만으로 갈라지게 되었습니다.

시안 사건의 주인공 장학량

17 계속되는 민족의 비극
한국전쟁
1950년~1953년

"대한 독립 만세!"

"대한 독립 만세!"

1945년 8월 15일, 일본이 항복을 선언하자 조선 팔도는 함성으로 가득 찼습니다.

"이제 우리 민족끼리 힘을 합쳐 새로운 나라를 세웁시다."

사람들은 새로운 세상에 대한 희망과 기대로 가득 부풀어 있었습니다.

"남쪽은 미국이, 북쪽은 소련이 통치한다."

그러나 일본을 항복시키고 한반도의 남과 북에 들어온 미국과 소련은 신탁통치를 발표했습니다. 이 신탁통치안은 거센 반대에 부딪쳤지만 결국 1948년

남쪽의 이승만 정권과 북쪽의 김일성 정권으로 두 개의 정부가 생겨 버렸습니다.

2차 세계 대전이 끝나고 전 세계는 미국과 소련, 민주주의와 공산주의로 대표되는 냉전 시대가 시작되었습니다. 이념 때문에 서로 죽고 죽이는 전쟁이 벌어지는 시대가 된 것입니다. 불행하게도 그 첫 번째 무대가 우리가 살고 있는 한반도였습니다.

"전쟁을 해서라도 남한을 공산주의로 만들어야 한다."

소련의 스탈린은 김일성을 앞세워 남한을 공격할 준비를 했습니다.

"한국의 방어는 앞으로 한국 스스로 책임지겠소."

1950년 1월, 미국은 한국을 미국이 지켜야 할 나라 중에서 빼버리는 '애치슨라인'을 발표했습니다.

"기회는 지금이다."

미국이 남한을 도와주지 않는다면 북한은 전쟁에 이길 수 있다고 생각했습니다. 북한을 지원하는 소련을 믿었기 때문입니다.

"북한군이 쳐들어온다."

1950년 6월 25일 새벽, 북한은 일제히 남한을 공격했습니다.

"국군이 무너지고 있습니다."

"뭐라고요?"

국군이 삼팔선에서 후퇴하고 있다는 소식을 들은 이승만 대통령은 깜짝 놀랐습니다.

"일단 후방에 있는 사단들을 계속 투입하고 있습니다. 그래도 혹시 모르니 대전으로 피신을 가야 합니다."

"그 정도로 심각합니까?"

"예."

계속되는 민족의 비극 한국전쟁

아무런 대비 없이 기습적으로 북한군의 공격을 받은 국군은 죽을 각오로 싸웠지만, 소련으로부터 지원받은 탱크를 앞세워 쳐들어오는 북한군을 막을 수 없었습니다. 이승만 정부는 결국 수도 서울을 버리고, 대전으로 피했다가 최종적으로 부산으로 내려갔습니다.

"시민 여러분! 국군이 북한군을 물리치고 평양으로 진격하고 있습니다."

이승만 대통령은 대전으로 피난을 떠나면서도 국군이 승리하고 있다고 거짓 방송을 해서 많은 서울 시민이 미처 피난을 떠나지 못하고 북한군에게 잡히는 결과를 불러왔습니다.

6월 28일 새벽, 천지를 뒤흔드는 굉음과 함께 아무런 예고도 없이 한강의 단 하나뿐인 다리인 한강철교가 폭파되었습니다. 이 사건은 전방에서 싸우던 국군과 서울 시민이 서울 안에 갇히는 결과를 가져왔습니다.

"기쁜 소식입니다. 미군을 비롯한 유엔군이 참전하기로 결정했습니다."

북한이 남침했다는 소식을 들은 미국은 발 빠르게 움직였습니다. 먼저 일본에 있는 맥아더 장군에게 북한군의 진격을 막게 하는 한편, 유엔을 소집해 유엔군을 참전하게 했습니다.

하지만 제일 먼저 한국에 들어와 북한군을 막던 스미스 부대와 대전을 방어했던 미군 24사단은 북한군에게 패하고 말았습니다.

"대전이 북한군에게 넘어갔다."

"부산으로! 부산으로 후퇴하라!"

남한은 미군 24사단이 방어하던 대전을 빼앗기자 남쪽 제일 끝, 부산에서 방어전선을 펼쳤습니다. 일명 '낙동강 방어선'이 만들어졌습니다.

"무슨 일이 있더라도 낙동강 방어선을 지키시오."

이승만 대통령의 명령으로 한국군은 맥아더 유엔군 총사령관의 지휘 하에 낙동강 방어 전투에 참가했습니다.

"북한군이 공격해온다."

"막아라!"

낙동강 방어 전투는 매일매일 치열하게 펼쳐졌습니다.

"이 전쟁에서 이기려면 인천에서 상륙작전을 펼쳐야 한다."

맥아더 장군은 낙동강 방어선을 막는 동시에 해군과 해병대를 동원하여 인천상륙작전을 준비했습니다.

9월 15일, 드디어 역사적인 인천상륙작전이 시작되었습니다.

"목표는 수도 서울이다."

"진격하라."

인천을 방어하고 있던 북한군을 물리친 유엔군은 곧바로 수도 서울을 향해 진격했습니다.

"만세!"

"서울을 되찾았다."

북한군에 빼앗긴 지 3개월 만인 9월 28일, 남한 측은 서울을 되찾았습니다.

"이제 북으로 계속 올라가서 통일을 이룩하자!"

국군은 달아나는 북한군을 뒤쫓아 삼팔선을 돌파하여 10월에는 평양을 거쳐 압록강에 이르렀고, 11월에는 두만강 일대까지 진격했습니다.

"이제 통일이 눈앞이다."

국군은 두만강을 바라보며 통일에 대한 기대감으로 들떴습니다.

"저, 저기 오고 있는 군인들이 누구지?"

"중, 중공군이다!"

한반도와 국경을 접하고 있는 중국이 북한을 돕기 위해 군대를 보냈습니다.

"중공군의 숫자가 너무 많습니다."

"계속 밀고 내려오고 있습니다."

중공군은 통일의 열기로 들떠 있던 국군과 연합군을 인해전술로 밀어붙이며 공격했습니다.

"후퇴, 후퇴하라!"

결국 중공군의 공격을 견디지 못하고 1·4 후퇴를 하게 되었습니다. 금방이라도 통일이 될 것 같았던 전쟁은 중공군의 개입으로 지루한 싸움으로 바뀌었습니다.

"언제까지 우리 미국인을 아시아 작은 나라 전쟁에 보낼 수는 없어."

소련과 중국이 공산주의를 전파하는 걸 막기 위해 전쟁에 참가했던 미국도 전쟁이 길어지자 차츰 지치기 시작했습니다. 특히 2차 세계 대전이 끝난 지 5년밖에 안 되어 다시 전쟁터에 젊은 군인들을 보내야 했던 미국인들은 전쟁이 끝나기를 바랐습니다.

"전쟁을 중단하는 휴전 협상을 벌이겠소."

"그건 안 됩니다. 이대로 전쟁이 중단되면 우리는 영원히 남북으로 갈라져 살아야 합니다."

미국의 선언에 남한은 휴전 협정을 반대했지만, 미국과 유엔군은 북한과 휴전 협상을 벌였습니다. 결국 전쟁이 시작된 지 3년 1개월 만인 1953년 7월 27일, 휴전 협정이 맺어지면서 전쟁은 긴 휴식기로 들어갔습니다.

3년 넘게 치러진 전쟁의 결과는 실로 끔찍했습니다. 남한에서만 약 20만 명의 전쟁미망인과 10만 명이 넘는 전쟁고아가 생겼으며 1천만 명이 넘는 이산가족이 발생했습니다. 그리고 공업 시설의 45%가 파괴되어 경제적, 사회적으로 어려운 시기를 겪게 되었습니다.

우리 민족의 뜻과 상관없이 미국과 소련의 대리전처럼 치러진 전쟁으로 말미암아 우리는 아직도 서로에게 총부리를 겨눈 채 대치하고 있습니다.

전투명 : 인천상륙작전
전투시기 : 1950년

"지금 북한군의 기세를 보면 낙동강을 방어선으로 해서 적을 막은 다음 상륙작전을 통해 적 후방을 차단해야 하네."

1950년 6월 29일, 유엔군 총사령관 맥아더 장군은 전쟁이 시작된 지 4일 만에 당시 한강 방어선을 둘러보고 이런 결론을 내렸습니다.

"그럼 어디로 상륙해야 합니까?"

"흐음."

참모의 질문에 맥아더 장군은 깊은 고민에 빠졌습니다.

"상륙을 하려면 배가 항구에 쉽고 빠르게 들어가야 한다. 그래야 적이 공격하기 전에 병력을 육지에 내릴 수 있다."

"맞습니다. 적 후방에 그런 조건을 가진 항은 원산항입니다."

원산항은 동해안에 위치한 항구였습니다. 게다가 북한 땅에 있는 항구였기 때문에 맥아더 장군이 생각하는 항구와 딱 맞는 곳이었습니다.

"원산항은 아니야."

"그럼?"

"상륙 지점은 인천항이다."

"옛? 인천항이요?"

맥아더의 말에 참모들이 놀란 것도 무리가 아니었습니다. 인천항은 밀물과 썰물의 차이가 커서 군인을 실은 큰 배가 잘못 들어갔다가 개펄에 빠질 위험이 있는 항구였습니다.

"원산항은 상륙은 쉬워도 서울과 너무 멀다. 하지만 인천항은 상륙은 힘들어도 일단 상륙을 하게 되면 서울까지 하루면 도착할 수 있는 곳이야."

맥아더 장군은 자신의 생각을 굽히지 않았습니다.

"목표는 인천이다."

9월 15일, 남한은 함정 206척과 병력 7만 명을 동원하여 영종도 근처로 집결했습니다.

"인천항으로 들어가는 관문인 월미도부터 점령하라."

인천상륙작전은 미군 5해병연대가 월미도를 점령하면서부터 시작되었습니다. 월미도는 2시간 만에 완전히 미군에 의해 장악되었고, 기습을 당한 북한군은 저항 한 번 못했습니다. 미군은 부상 7명의 경미한 피해를 입은 반면, 북한군은 108명이 전사하고 106명이 포로로 잡혔습니다.

"2단계 작전을 개시한다!"

맥아더 장군의 지시에 따라 2단계 작전이 시작되었습니다. 그것은 국군 17연대, 미군 7사단, 미군 1해병사단의 주도로 인천을 공격하는 것이었습니다.

"미군이 상륙했다!"

인천항을 방어하고 있던 북한군 18사단은 있는 힘을 다해 인천항을 방어했습니다.

"인천항을 점령했다."

"만세! 이겼다!"

치열한 싸움 끝에 미군 1해병사단과 국군 1연대는 성공적으로 인천항을 장악했습니다.

인천상륙작전은 맥아더 장군의 치밀한 계획 끝에 최소한의 피해로 성공한 작전이었습니다. 이 작전의 성공으로 남한은 수도 서울을 빠른 시간 안에 다시 되찾을 수 있었습니다. 게다가 국군과 유엔군이 서울을 장악하자 낙동강 전선으로 내려가 있던 북한군은 보급을 받지 못해 후퇴하게 되었습니다.

한국전쟁의 승패를 가른 춘천 전투

"우리가 왜 전쟁에서 진 거지?"
"인천상륙작전 때문에 졌어."
"아니야. 소련의 지원이 적었어."
"다 틀렸어. 우리가 춘천 전투에서 졌기 때문이야."

한국전쟁에서 패한 원인을 찾던 북한군은 춘천 전투를 원인으로 지목했습니다.

춘천 전투란 1950년 6월 25일, 북한군 2사단과 7사단이 춘천과 홍천을 점령하기 위해 벌인 전투입니다. 북한군은 이 전투를 위해 많은 준비를 했기 때문에 싸우기 전부터 승리를 확신했습니다. 게다가 춘천에는 국군 6사단밖에 없었습니다.

"하루 안에 춘천을 점령한다!"

전쟁이 시작되자 북한군은 춘천과 홍천을 향해 기세 좋게 나아갔습니다.

"북한군이 온다. 내 명령에 따라 일제히 공격하라!"

춘천을 공격한 북한군 2사단의 공격은 국군 6사단이 맡고 있었습니다. 6사단은 이미 북한군의 움직임을 예상하고 있었기 때문에 나름 대비도 하고 있었습니다.

"발사!"

지휘관의 명령이 떨어지자 6사단은 북한군을 공격했습니다.

"후퇴! 후퇴!"

예상 밖의 공격을 당한 북한군은 정신없이 후퇴했습니다.

"국군 6사단의 방어가 너무 강하다. 7사단에게 지원을 요청해라."

6월 26일, 북한군 7사단도 지원을 나섰지만 국군 6사단이 지키고 있는 춘천을 점령할 수 없었습니다.

"국군 6사단은 충주로 후퇴하라."

"옛? 충주로 후퇴하라니요? 지금 우리는 춘천을 방어하고 있습니다."

"다른 부대들이 한강 남쪽으로 후퇴하고 있다. 이대로 있다가는 국군 6사단 혼자 고립된다."

6월 27일 오후, 육군본부 명령에 따라 국군이 후퇴를 하자 북한군은 뒤늦게 춘천을 점령할 수 있었습니다.

"바보같이! 너희 2사단과 7사단 때문에 모든 작전이 엉망이 되고 말았어!"

북한은 원래 빠른 시간 안에 서울을 점령하고 국군이 후퇴하기 전에 뒤쫓아 전멸시킬 계획이었습니다. 그런데 춘천을 점령하고 합류하기로 한 2, 7사단이 3일이나 늦게 합류하는 바람에 계획이 실패했습니다.

반면, 한국군은 3일 동안 급히 시흥지구 전투사령부를 설치하여 한강을 건너온 패잔병과 낙오병을 모아서 새로운 방어선을 펼쳤습니다. 이 시간 동안 맥아더 장군이 한강 전선을 둘러보고 인천상륙작전을 생각해냈습니다. 만약 국군 6사단이 춘천을 지키지 못했다면 한국전쟁은 북한의 승리로 끝났을지 모릅니다.

 ## 전쟁 속 무기 이야기 −인해전술

인해전술은 중공군이 미군을 비롯한 유엔군을 상대할 때 쓴 전술입니다. 미군과 유엔군은 현대식 무기로 무장하고 있었기 때문에 북한군이나 중공군에 비해 화력이 뛰어났습니다. 중공군은 이런 약점을 극복하기 위해 일정한 장소에 병사들을 한꺼번에 투입하는 인해전술을 사용했습니다.

그러나 인해전술은 병사들의 희생을 필요로 했습니다. 예로부터 개인보다는 대의를 중시했던 중국의 사상 탓에 중공군은 이 전술을 즐겨 사용했습니다. 특히 산악 지대가 많은 한국의 지형 특성상 큰 효과를 낼 수 있었습니다.

 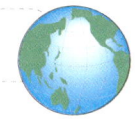

1949 미국, 영국, 프랑스에 의해 독일의 군정 체제 종식
1950 테레사 수녀의 '사랑의 선교회' 설립
1952 일본과 48개국 연합이 샌프란시스코 강화조약을 맺으면서 2차 세계 대전 마무리

맞수 대격돌 　맥아더 대 트루먼

"감히 맥아더가 나를 우습게 봐!"

트루먼 미국 대통령은 한국에서 전쟁을 벌이고 있는 맥아더 장군을 떠올리자 화가 치밀어 올랐습니다. 동북아시아 지역 미군 사령관인 맥아더는 인천상륙작전을 성공하면서 일약 최고 스타로 떠올랐습니다.

"트루먼 대통령이 나를 만나고 싶어 한다고? 지금 바쁘니까 다음으로 미뤄."

다음 대통령 선거에 출마한다면 당선이 확실하다고 할 정도로 인기가 치솟은 맥아더는 거만해졌습니다. 트루먼이 몇 번 맥아더를 만나려고 했지만 상황이 안 좋다는 이유로 번번이 거절당했습니다.

"중공군이 한국전쟁에 개입했습니다."

쉽게 끝날 것 같던 전쟁은 중공군의 개입으로 길어졌습니다. 게다가 1·4후퇴까지 한 맥아더는 인기를 유지하기 위해 반드시 전쟁에서 이겨야 했습니다.

"만주에 원자폭탄을 떨어뜨려야 합니다."

"맥아더 장군! 미쳤습니까? 만주는 중국 땅이에요. 거기다 원자폭탄을 떨어뜨리면 중국과 전쟁을 해야 합니다."

"지금 우리는 중공군과 싸우고 있습니다. 이미 전쟁을 하고 있다고요."

맥아더와 트루먼은 중국과의 전쟁 문제로 격렬하게 대립했습니다.

"그럼 소련은요? 중국과 전쟁을 하면 소련은 가만히 있을 것 같습니까? 우리가 만주를 공격하는 순간 3차 세계 대전이 벌어집니다."

"그럼 미군과 유엔군까지 투입된 전쟁에서 항복하자는 말입니까?"

두 사람의 대립은 외부에 알려질 만큼 심해졌습니다.

"오늘부터 맥아더 장군을 해임합니다."

1951년, 트루먼 대통령은 결국 맥아더 장군을 사령관에서 해임시키며 이 문제를 마무리했습니다.

남의 불행은 나의 행복, 패망 후 일본

동양사 연대표

연대 \ 국가	중 국	한 국	일 본
B.C 21세기	원시 노예 사회 춘추(春秋) 시대 B.C 770~476년 전국(戰國) 시대 B.C 475~221년	고조선 B.C.2333년	야요이 시대 B.C. 300~A.D.300
B.C. 230 B.C. 221	**1. 중국 최초의 통일** **진시황의 통일 전쟁 B.C. 230~221년**		
	진(秦)B.C. 221~206년 한(漢)B.C. 206년 건국		
B.C. 209 B.C. 202	**2. 새 시대의 영웅을 찾아** **초나라와 한나라의 전쟁 B.C. 209~202년**		
B.C. 109 B.C. 108		**3. 요동의 주인을 가리자** **고조선과 한나라의 전쟁 B.C. 109~108년**	
		고조선 멸망 B.C 108년 삼국시대 : 백제 B.C. 18 고구려 B.C. 37 신라 B.C. 57	
A.D. 184 280	**4. 천하를 가져라** **위촉오 삼국 전쟁 184~280년**		
	한(漢) 220년 멸망 위촉오 삼국(三國) 시대 220~265년		
392 413		**5. 고구려의 용맹** **광개토대왕의 정복 전쟁 392~413년**	아스카 시대 A.D.300~710년
581 598 618 648	**6. 중국을 재통일하라** **수나라와 당나라의 통일 전쟁 581~618년**	**7. 다시 불타는 요동** **고구려 침략 전쟁 598~648년**	
		백제 멸망 660년 고구려 멸망 668년 신라 삼국통일 671년	
696 979 698		**8. 고구려를 계승하라** **발해 건국 전쟁 696~698년**	
	9. 연운 16주를 차지하다 **송나라와 요나라의 전쟁 979~1125년**	발해 698~926년 고려 건국 918년 통일신라 멸망 935년	나라 고대시대 710~794년 헤이안 시대 794~1185년
993 1019 1125		**10. 거란의 대 침공** **고려와 거란의 전쟁 993~1019년**	

연대 \ 국가	중 국	한 국	일 본
1231	남송(南宋) 1127~1279 금(金) 1115~1234년		가마쿠라 중세시대 1185~1333년
1268 1270	11. 위대한 칸의 후손 쿠빌라이 몽골의 정복 전쟁 1268~1279년	12. 몽골을 막아라 고려의 대몽 항쟁 1231~1270년	
1279			
	원(元) 1279~1368년 명(明) 1368~1644년	조선 건국 1392년	무로마치 시대 1333~1573년 아즈치모모야마 근세시대 1568~1600년
1592 1598		13. 한중일의 첫 격돌 임진왜란 1592~1598년	
1636 1637	청 1644~1840년	14. 치욕의 전쟁 병자호란 1636~1637년	에도 시대 1600~1868년
1894 1895		15. 늙은 호랑이와 젊은 늑대의 싸움 청일전쟁 1894~1895년 대한제국 1898~1948년	메이지 근대시대 1868~1912년 다이쇼 시대 1912~1926년
1935 1945	중화민국 1912~1949년	16. 제국주의의 망령 중일전쟁 1937~1945년	
		대한민국 1948년 8월 15일	
1950 1953	중화인민공화국(中華人民共和國) 1949년 10월 1일	17. 계속되는 민족의 비극 한국전쟁 1950~1953년	